# 時代に挑んだ経営者 道面豊信

「もう一人の白洲次郎」——経済版

(1) NYコロンビア大学経済学部の校舎　❶

若き日の道面豊信

(2) 道面が最初に就職したニュージャージー州サミット市の元・神崎商店の建物。

❷

現在は「すし＆ステーキ店」になっている（内部）

(3) 1917年の新婚時代に住んでいたサミットの自宅。

写真のうち顔・人物の5枚と(8)、(11)、(13)、(14)以外は、筆者が2007年6月に現地で撮影。

（4）1917年に鈴木商店がNYで初めて事務所を開設、入居したサンビル ❸

（5）周辺にはチャイナタウンやイタリア街があり、昼間からダウンタウンのにぎわいを見せている。

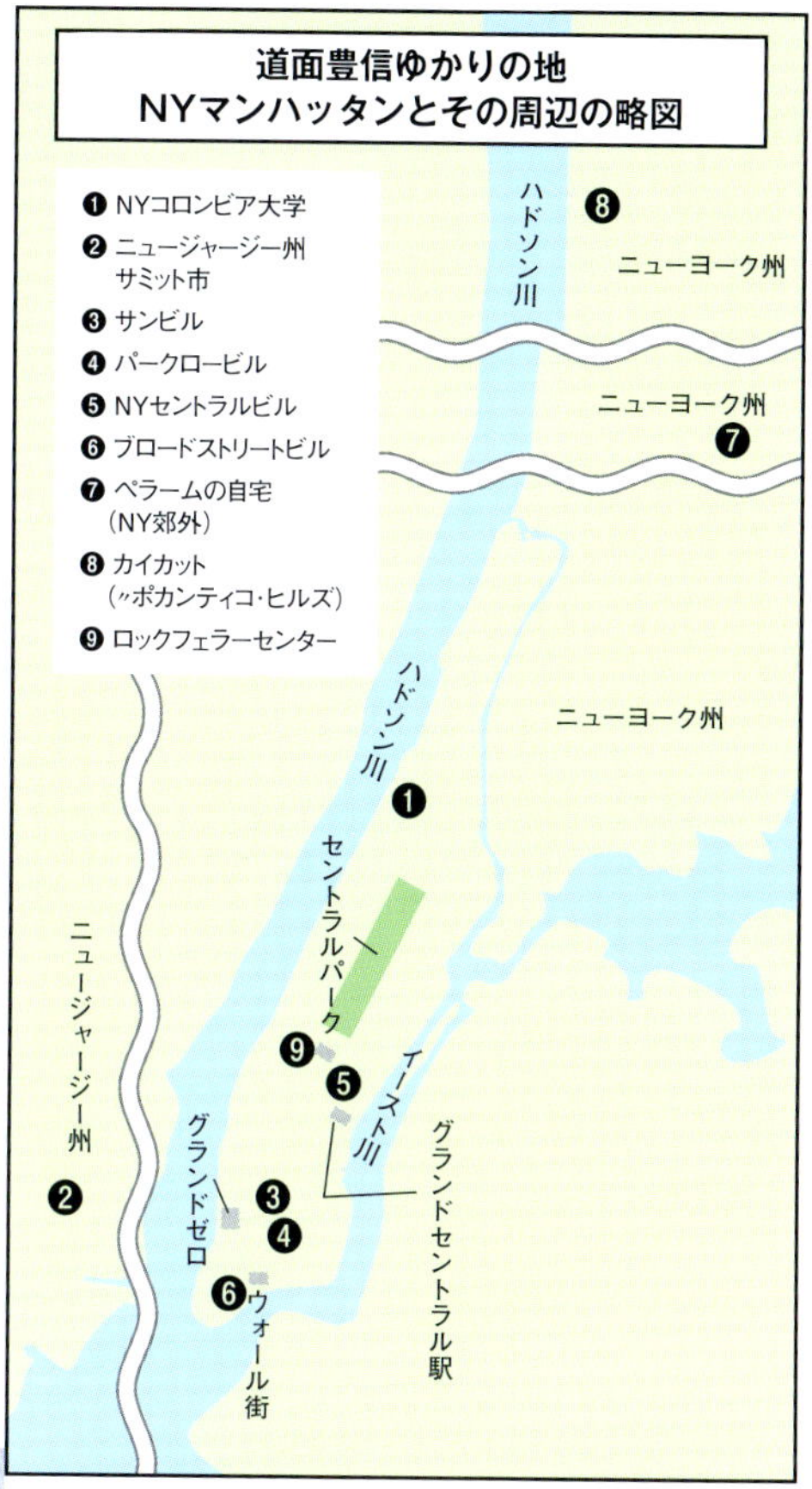

（6）海外の賓客と歓談する道面社長（左）と三代鈴木三郎助会長（右）、1960年ころ。2人は1917年NYで初めて出会った。

（7）同年にサンビルの近くのパークロービルに移転。市庁舎の公園に隣接し、ビル頂上の飾りに特色がある。 ❹

（8）2001年9月11日　AMY SANCETTA /THE ASSOCIATED PRESS

（9）2007年6月23日

パークロービルはWTC（ワールドトレイドセンター）に近かったので、同時多発テロの発生時には（8）のようにWTCの現場付近から逃げてくる人たちを撮った当時の報道写真にも、特色ある飾りをつけたパークロービルがはっきり見える。（9）は同じ角度で筆者がトライしたもの。煙で隠れたり、その後新築したビルが見える。

❼

（10）NY郊外のペラーム（Pelham）の自宅。
右下は自宅前に立つ背広姿の本人と室内の道面夫妻。（1930年頃）

（13）戦前最後の渡米時に、日本への第1報で使った「鎌倉丸」の絵はがき。70年以上経ているがカラーは美しい。（1939年7月27日付）

（11）

（12）

日米開戦の直前に帰国するまで事務所として入居していたミッドタウンのNYセントラルビル。名のようにマンハッタンのほぼ中心に位置する。
（11）は1939年9月14日付で日本に送ったはがきの写真。（12）は2007年６月に撮ったもの。ビル本体はそのまま残っているが、その後に左右や後方に高層ビルがふえたのがわかる。　❺

（14）米国から日本に送った絵はがきや手紙など合計34通の郵便物。（1939年7～12月）

（15）鈴木忠治を囲む道面社長と技術陣。（1950年新春・熱海の忠治邸で）

↑道面豊信　↑鈴木忠治

(16) 戦後1950（昭和25）年にNY事務所を再開、入居したダウンタウンのブロードストリートビル。 ❻

(17) 近くにNY証券取引所（上）やウォール街があり、銀行や証券会社が密集（下）している。

(18) ロックフェラー家三代が入居していたカイカット邸正面。1976年に全体が国定史跡に指定され、現在は財団が管理している。
(NY郊外ポカンティコ・ヒルズ) ❽

(19) 庭園からハドソン川の流れを眺望できる。

(20) マンハッタン中心地にあるロックフェラーセンターの一角。多数の関係ビルやイベント用広場がある。 ❾

## 第二章　戦前・戦中・戦後の苦戦

## 第四章　道面時代の展開

## 第五章　経営多角化へ

# はじめに（序文）

これを書こうと思いついたのは、かれこれ十年余り前になる。

新聞社、マスコミ界に籍を置いた社会生活では、他の業種に比べ圧倒的に多くの情報を直接取得することができた。

必要に応じて多数の各界のトップに直接面談・取材できたし、時流が提供する大きなテーマに取り組み、問題を広く深く探索しながら文章化することができた。しかもほとんどの場合、名刺一枚で誰とでも会って直接に話を聞いたり、関係資料を手に触れることが可能だった。

だが一方で時の流れは速く、興味や重要性があっても時間的制約のため、取り残したり書き切れなかったテーマもいくつかあった。

普通の社会人と同様、満六十歳定年を前提に「自由な時間を得たら、これまで書き切れずに残してきた重要テーマを改めて取材し直して書いてみよう」と考えていた。ちょうど世紀が変わろうとしていた二〇〇〇年の頃である。

◇　◇　◇　◇　◇

そのテーマを大別すると、①時代を乗り切った経営者（人物）の足跡、②高度経済成長がもたらした公害・環境問題、③物質（モノ）の豊かさが増す一方で失われつつある日本の精神文化の再生、④国際化が複雑になる中での日本のあり方――などである。

中でも人物ものは急ぐ必要があった。その人に関する資料・記録は年を追って少なくなる。その人を知る周囲の人も、年々減っていく。こう言う筆者自身の記憶力も少しづつ薄れ行動力も鈍化し、正確な記述が次第に不可能になる恐れがあるからだ。

そこで順序としてまず最初に、人物ものを手がけることにした。その際、すべては史実、事実に基づいた人物伝を心がけた。どうしても断言や実証できない部分については、状況証拠を提示しながら精度・確度の高い推測であることを明示した。

◇◇◇◇

道面豊信を選んだ理由を説明するには、筆者の社会人第一歩の時代に戻る必要がある。

筆者は一九六二（昭和三十七）年春に日本経済新聞社に入社、東京本社編集局の工業部（現産業部）に配属され、食品業界の担当記者として連日食品会社を取材して回った。

当時、駆け出しの記者であり若かったこともあるが、取材先の食品会社のトップの面々はいずれも堂々とした貫禄で、自信を持って仕事に取り組んでいるように見えた。

事実この時期は、日本経済全体が戦後の混乱・復興期を脱し、新しい日本を創造するための成長期にさしかかり、多くの企業経営者が胸を張って自社の躍進に全力を注入していたことは歴史的にも明らかである。

食品業界の当時の主なトップ（原則社長）を列挙してみると次の通りである（人名は五十音順、カッコ内は当時の社名→その後の変更による社名、グループ本社、ホールディングスは省略）。

磯野　長蔵　（明治屋）
大野　勇　（森永乳業）
川村　音次郎　（麒麟麦酒→キリンビール）
佐治　敬三　（寿屋→サントリー）
鈴木　三千代　（三楽酒造→メルシャン）
瀬尾　俊三　（雪印乳業）
正田　英三郎　（日清製粉）
道面　豊信　（味の素）
藤井　誠司　（不二家）
藤山　勝彦　（大日本製糖→大日本明治製糖）
茂木　啓三郎　（野田醤油→キッコーマン）
森永　太平　（森永製菓）
山本　為三郎　（朝日麦酒→アサヒビール）

少し範囲を広げて水産業界をみても、実力のある経営人が並んでいた。

高碕　達之助（大日本水産会、政治家）
中井　春雄（日本水産）
中部　謙吉（大洋漁業→マルハニチロ）
平塚　常次郎（日魯漁業→マルハニチロ）
法華津　孝太（極洋捕鯨→極洋）

いま振り返ってみても、魅力的な実力経営者が揃っており、その後個々の企業は様々な変遷を経験しながらも、ほとんどは今日もなお存続し成長を続けている。

◇◇◇◇◇

筆者はその後、民間（私企業）を担当する産業部記者、公官庁を担当する経済部記者として広く取材・執筆した。管理職や関連会社の役員になってからも仕事の関係で主に民間の経済人や官界の各分野のトップと面談・交渉した。手元に残された名刺の枚数から推定して、その合計は約三千人になる。

その中には、戦後日本の産業復興を象徴する企業になっている本田技研工業（ホンダ）の本田宗一郎のほか、一代で新規分野の事業を立ち上げた勇気ある企業経営者や、公官庁の中でも過去の前例にとらわれずに新しい公官庁のあり方・組織改革に挑戦した官僚たちなど、改めてその足跡を掘り起こし、書き留めておきたい人物が複数含まれている。

だが、限られた時間の中で一人だけ選ぶことになったとき、あまり迷うことなく道面豊信の名が浮かんだ。戦前、戦中、戦後と、波乱に富んだ変化の激しい時期を、知恵と勇気と挑戦力をもって駆け抜けてきた道面の詳細をどうしても追ってみたくなった。

道面には出会いの当初から、他の経営者とは少し異なるテレパシーのようなものを感じていた。それはなぜだろうか、何が原因なのか。掘り下げて行けば、これまでに知られていない「きっと〝何か〟ある」に違いない、との予感さえ抱いていた。

◇◇◇◇◇

道面豊信の足跡を追いかけているうちに、以前に本を読んで知っていた白洲次郎の人生の一部分が二重写しに見えてきた。

二人は戦前、戦中、戦後の激動の時代をたくましく生き抜いたという共通部分があるほか、分野こそ異なるが、互いに類似している点が実に多い。

海外留学と大学卒業、運命を決める重要人物との出会い、第二次世界大戦の見通し、語学力・交渉力を発揮したＧＨＱ（連合国軍総司令部）との接衝、戦後日本の復興への貢献――などである。

そこで道面豊信についての史実に基づく記述を中心に、それをより鮮明に浮き彫りにする意味で、同時代を駆け抜けた白洲次郎との接点を探り、二人の対比を試みた。

白洲次郎は言うまでもなく日本国憲法の制定など、戦後の日本復興に多大な貢献をした人物としてよく知られ、その風貌や行動は目立っていた。

これに対し道面豊信は私企業に属し、活動範囲が経済・産業分野にほぼ限られていたこともあり、一般にあまり知られていない。

だが改めて足跡を探ってみると、道面は白洲と比べて地味で目立たないが、社長在任十七年間を通して戦後日本の経済・産業界の復興に直接かかわり、幾多の実績を残した貢献度はかなり大きいことがわかった。

こうした理由から、サブタイトルを「もう一人の白洲次郎——経済版」とした。

◇◇◇◇◇

日本はいま、「失われた二十年」の言葉に象徴される長い停滞期を続ける中で、多くの日本人の心には重苦しい閉塞感がのしかかっている。

これを明治維新、第二次世界大戦後の復興に続く、三度目の大革改が必要な時期と位置付ける見方がある。そして「三度目の奇跡」を起こし、日本を再構築しようと呼びかける。

時代を切り開くのはいつの場合も人であり、その集まりである。いまよりも交通手段が乏しく情報や物資などが格段と不足して諸条件が悪かった苦難の時代に、熱い志と先見性を持って未来に挑戦した先人がいた。その生き様や足跡を正確に残すことにより、これからの日本再構築を目指す際に少しでも役立てば、との思いである。

執筆途中で何度か挫折しそうになったが、この一念を支えに何とか持てる力を振り絞って最後まで到達できた。

なお文中の敬称は、終章の後半を除き、原則としてすべて省略させていただいた。また企業名と商品名が同じ『味の素』と紛らわしいこともあり、それぞれＡ社、ＭＳＧ（あるいは新調味料、うま味調味料）と表記した。

# 第一章

# 運命の出会い

# 誕生と幼・青年期
## 一八八八年〜

道面豊信は一八八八（明治二十一）年四月九日、広島県安芸郡仁保島村字古城浜（現在の広島市仁保）で誕生した。父・道面平九郎、母・モミの次男で、七人（男二人、女五人）兄弟姉妹の下から二番目だった。家は周囲に広い田畑を所有し、多くの働き手を抱える富農・大地主である。

父・平九郎は典型的な大旦那として何ごとにも悠然と振る舞い、子供たちにはあまり関心がなかった。幼いころから豊信に目をかけその将来に影響を与えたのは、もっぱら母・モミのほうだった。

道面家は当時、田畑の耕作に必要な小作人のほか、屋敷内に多数の使用人を抱えていたため、母・モミは台所仕事は一切せず、生涯を通して包丁を持ったことはなかった。それが当然かのように「私はこれまで一度も自分で食事を作ったことがない」と、モミ自身が公言していた。

だがモミは、当時の女性としては極めて稀な先見性を持ち合わせていた。そしてモミは常日頃から子供たちに、とりわけ道面家を跡継ぎする心配のない次男・豊信に対し「これからの日本は外国が相手だ」「そのためには外国の言葉、特に英語を学び知る必要がある」と言って聞かせていた。時には「たとえわが家の田畑を売っても、豊信を外国で学ばせたい」とまで言い切った。今で言う熱烈な教育ママだった。

こうした母・モミの信念にも似た言葉を、幼いころから繰り返し聞いているうちに豊信の心の底にはいつしか、「よし、外国に行って世界に通用する言葉を身につけ、見聞を広めてみよう」との気持ちが強く根付いてきた。そして広島県立商業学校（現在の広島商業高等学校）を入学した十代の半ば頃から、それに向けての準備が始まった。

外国と言っても世界中いろいろな国がある。しかしどこの国に行くのかについて、豊信は少しも迷うことなく米国＝アメリカを選んだ。

それは学校の歴史の時間に学んだ影響が大きい。日本がまだ鎖国を続け、武士たちがちょんまげを結い、帯刀していた江戸時代末期に、はるばる米国から太平洋を渡って日本各地の沖合いに来航し、開港や開国を迫った「黒船《くろぶね》」の事実に、豊信は強い衝撃すら受けていた。

当時の日本は、船といえば人力で漕ぐ木造船がほとんどで、武器も刀、槍、弓が中心。火薬を使った飛び道具といえば火縄銃と称する旧式の鉄砲が主流で、鉄の弾丸を飛ばす大筒《おおづつ》の射程距離は知れたものだった。

一方、はるかアメリカ大陸から日本近海にやってきたペリー総督率いる黒船艦隊は、鋼鉄製の蒸気機関船。重い鉄の船が浮くことだけでも驚きなのだが、備えていた武器も沖合いから数キロメートル離れた陸地に楽々と正確に撃ち込める大砲はもちろん、兵士たちが所有している近代的な鉄砲や短銃など、どれもこれも日本を圧倒するものばかりだった。

ペリー来港当時の日本人の多くは、沖合いに悠然と浮かぶ複数の黒船を見て肝を潰す思いだったろう。それを学校の教科書で知った豊信も同様に大きなショックを受けた。しかも度重なる黒船艦隊の来港により、永い間鎖国を決め込んでいた徳川幕府はついにその圧力に耐えかねて下田港、長崎港の開港を手始めに、急速に開国——近代日本の誕生へと歩み進めるのだが、そんな強国アメリカはいまどのような状態なのだろうか。政治、経済、産業、社会、技術、文化など、あらゆることに思いは巡る。あの広大な面積の国土と、無限と思われる埋蔵資源はどんな可能性をもたらすのだろうか。豊信の強国アメリカへの興味はますます脹らんでいった。若くて多感な豊信は童心の胸をときめかし、遙か太平洋の向こうの国に思いをはせる頻度が加速していった。

行き先を米国に絞り込めた理由はもう一つある。それは豊信が生まれ育った地理・地域に深く関係している。

豊信の出生地の広島県安芸郡仁保島村字古城浜はもともと、「香」嶋（にほうのしま）と呼ばれていたが、第四十三代元明《げんめい》天皇の養老二（西暦七一八）年、養老律令により全国の地名を二字に統一されたときに「仁保」嶋（にほしま）に改められた。

その後、海岸沿いの埋め立てや干拓・開拓が進み広島市と地続きになり、大正六（一九一七）年には嶋の字を除いて「仁保村」になった。昭和四（一九二九）年四月一日に仁保村が広島市に編入されて広島市仁保町として発足した。この時の仁保町の世帯数は二千八百五戸、総人口は一万二千九百八十七人だった。

広島市の南に位置し、広島港に近い仁保町の一帯は、温暖な気候に恵まれた平地と緩やかな丘陵が混在している。

豊信はこの土地や風景が好きだった。学校の行き帰りはもちろん、普段の遊びや散歩の場所として飽きることはなかった。周辺の小高い場所にさしかかると、四季を通して樹木のすき間からキラキラ光る海が視界に広がって見える。

自宅からごく近い邇保姫《にほひめ》神社の境内にもよく遊びに行った。道路から少し奥まった所に古い鳥居があり、その先の石段を登った小高い場所に小じんまりとした神社本堂がいまも木々に囲まれて佇んでいる。この境内から広島港、旧海軍兵学校のあった江田島、平家の厳島神社がある宮島などが遙かに望める。そしてその先には太平洋の海原を隔てて強国アメリカがある。豊信は境内から海を眺めるたびに、米国への思いを高めていった。

邇保姫神社に残る資料によると、西暦三九〇年頃、第十四代仲哀天皇の皇妃神功皇后が当地に立ち寄って邪気抜きのために白羽の征矢を放ったところ、この神社のある小高い山に当たり止まった、とある。その後、第五十八代光孝天皇が八八五年に造営し、第九十二代伏見天皇が一二八八年に関与したとある。

今でこそ、目立たない場所で静かに時を過しているが、それなりに由緒ある神社であり、土地柄だったといえる。

もちろん、邇保姫神社の境内や付近の小高い丘から実際に北米大陸なぞ見えるはずがないのだが、高い志と希望を持っていた豊信の心には憧れのアメリカが鮮明に映っていたに違いない。

道面豊信に限らず、広島県から世界に羽ばたく国際人がかなり多く輩出していることは決して偶然ではない。やはり太平洋に通ずる海に接している立地条件が影響しているといえる。常に外洋に向けて開かれている地域だからこそ、外向きの心を持つ人材を生み育て、その飛翔を後押しするのだろう。

豊信が日本で最後に学んだ広島県立商業学校（現在の広島商業高等学校＝広商）の校歌にも「国際人たれ」の教訓が色濃く出ている。

校歌の一、二番は広商の周辺の地理や自然描写を中心とした歌詞だが、三、四番には極めてはっきりと国際志向が詠われている。

三番　「……………
　　　ひろくはてなき商海の
　　　さかまく波涛《はとう》何のその
　　　堅忍不抜のわが友よ」
　　　……………
四番　「祖国の長計になわんと
　　　斯道《しどう》いそしむ………

波涛乗りきる櫓櫂成る
夷険《いけん》一節いさぎよく
わが本領を世に示せ」

今風に言い換えると、

三番「……広く果てない国内外の産業社会にたとえ逆風や大波があろうとも
耐え忍びがまん強く向かって行こうではないか、わが友よ」
四番「国（日本）の将来を担《にな》わんとして
この道に励んで……
大波を乗り切る船のように
うまくいっているときも苦しいときも自分の主義・主張・意思を変えず
本来の持ちまえや特色・本質を世に示そう」――ということになる。

広島の立地・環境からみて、「商海」「波涛」などは、狭い日本近辺だけではなく、遠くて広い海外諸国への飛躍を強く意識した言葉と解釈するのが自然だろう。

また、三番の中に「平相国《へいしょうこく》をしのぶれば」の文言がある。郷土ゆかりの平清盛《たいらのきよもり》のことである。

この校歌は一九一五（大正四）年に制定され、現在も愛唱されている。したがって一九〇六（明治三十九）年三月に広商を卒業した豊信は、厳密に言えばこの校歌を直接は知らないし、歌っていない。

だが校歌制定以前から、広商には歌詞に見られる気風があり、豊信もそうした環境の中で青少年時代を過した、と想像できる。校歌は積年の流れの中で誕生し、その基本的な精神は以前から現在そして以後に至るまで引き継がれていくと考えられるからだ。

# アメリカの大学と就職、結婚

一九〇六（明治三十九）年三月に広島県立広島商業学校を卒業した豊信は、さっそく米国に行って学ぶための準備を始めた。

当時、米国の大学で学ぶことはそう簡単ではなかった。第一の関門は語学である。商業学校である程度の英語を学んでいたが、とても通用する水準ではなかった。

そこで〝語学は習うより慣れよ〟といわんばかりに何はさておき知人を頼りに米国に単身で渡り、各種のアルバイトをしながら英語の勉強に取り組むことにした。語学力を十分に身につけてから大学に進もう、と考えたのである。

英語のマスターに少し時間がかかったが、ねらいをつけた米国オハイオ北部大学を受験・入学、一九一四（大正三）年六月に本科理財科を卒業した。理財科とは、現在でいう経済学部あるいは商学部である。商業、会計、財務、国際経済などの分野を学びたい、と熱望していた豊信を満足させた。

米国に住み、米国の学生たちと一緒に大学生活を過ごす中で、米国の政治、経済、社会、文化、芸術など広く多分野について学んだ。

米国は日本で想像していた通り、いや、それ以上の大きなパワーと将来の可能性を持った強大な国だった。学びの中でそれを自分で確かめたのだ。

オハイオ北部大学で学んでいる期間中に、豊信はもうひとつ大きなことに気がついた。それは米国の商業・経済の中心地は文句なくニューヨークで、それもケタ違いの大きさと影響力を持っているということだった。商業・経済の分野で生きていくからには米国一、世界一の商業都市ニューヨークに出ることだ――豊信はこう確信し、同大学を卒業した年にすぐ次の行動に移った。

一九一四年秋にニューヨークのコロンビア大学に入学し、翌一九一五年九月に同大学経済学専攻(一ヵ年)課程を卒業した。わずか一年だが、豊信にとっては大きな価値のある、充実した一年間だった。

大学の教科や講義は、世界の中心地にふさわしく広範囲に渡るテーマを取り上げ、その内容も最先端のデータや情報が盛り込まれていた。ベテランと若手の講師陣が質の高い講義内容を競っていた。

そこに学ぶ学生たちも、ここでしっかりと学習してから、世界最高の舞台の第一線で活躍しよう、との意欲をみなぎらせていた。

豊信はこれらの何もかもが気に入った。「仕事をするならニューヨークで……」との意を固めた。ここでなら生涯をかけてもいい、とさえ思った。そのためには、学生時代に知り合った米国での人脈を大事にしよう、この地で就職して社会人の人脈も広げていこう、と考えた。

## 「神崎商店」入社

豊信はニューヨークに来てすぐに、アルバイトを探した。学業のかたわら、実業の世界を少しでも早く知りたい、そのためには形はどうであれ実際に働いてみたい、との強い意志を持っていたからだ。

こうした折、日本人が集まる会合でたまたま経営者・神崎岸郎と知り合った。神崎は日系二世で、すでにニューヨークに近いニュージャージー州サミット市に「神崎商店」を構え、営業していた。幅の広い大通りの角地に、パンやケーキの売り場と喫茶・食事席があり、奥には各種のパンを焼く大きな製造設備を持っていた。小宴会用の個室もいくつか備え、喫茶や食事の椅子を動かせば、ダンスパーティも可能な広さがあった。一九一六年版のサミット住所録の広告欄に「神崎商店」が掲載されており、そこには「大小各種の宴会や結婚披露宴、公式晩餐《ばんさん》会、演奏会などができて、収容人員二百五十人」との説明文がある。現代風に言えば、「各種会合ができるベーカリー店」となろうか。

一九一五年四月、豊信はコロンビア大学在学中にこの「神崎商店」に勤め始めた。その年の九月にコロンビア大学経済学専攻課程を卒業し、以後はここでの勤務に専念した。

豊信はそこで持ち前の行動力、積極性をフルに発揮し、たちまち支配人になった。得意分野の会計、財務などにこだわらず、パンを中心とする食品製造現場およびそれを提供して大小の宴会や催し物をこなすサービス業全般を広く経験した。これらが後になって大いに役立つことになる。

一九一六年暮、サミット「神崎商店」で仕事が軌道に乗ったことを確認しながら、豊信は日本に一時帰国した。米国の大学卒業の報告を兼ね、広島の父母、兄や姉妹たちに久し振りに会うためでもあるが、もっと大切なことがあった。それは短時間で女性と見合い結婚し、すぐ米国に新婦を連れて帰ることだった。自身の年齢のこともあるが、米国社会で信用を得て成功するには良き伴侶《はんりょ》と結婚し家庭を持つことが極めて重要だったのである。

豊信の嫁候補選びには、若い頃から豊信の進路に大きな影響を与えた、あの賢母・モミが関《かかわ》った。豊信は米国の大学を卒業し、米国で就職する目安がついたが、独身のままでは不安がある。年齢もいつの間にか二十八歳になっていた。そこで母・モミは豊信の嫁選びを急いだが、その条件も厳しかった。「女は水鳥《みずどり》でなくてはならない。表面（顔）は平然と、しかし水面下（手足）は忙しく動かして働くようでなくてはならぬ」というのが絶対的な尺度だった。

母・モミは同郷に住む野間家の娘・玉子に白羽の矢を立てた。玉子は広島県立高等女学校卒でまだ十八歳だったが、一時帰国した豊信と見合いさせ、一九一七年一月には結婚届けを出した。そしてすぐに豊信と玉子の新婚夫婦は米国に向け出発したのである。

米国ニュージャージー州サミット市の「神崎商店」勤務に戻り、玉子と新婚生活を始めた豊信は、やがて次の展開を考えるようになった。サミットでの生活は安定しているが、活動範囲が限定され、将来の夢に乏しい。自分はもっと広くて大きな世界で、実業家として思いっ切り活躍してみたい——豊信は玉子という良き伴侶を得て、こうした気持ちを一段と高めていった。何事にも明るく前向きな玉子が、豊信を精神的に支え、後押しした面もある。

一九一七年四月には、サミット「神崎商店」に勤務してから早くも約三年が経過していた。

## 鈴木三郎と道面豊信の運命の出会い

一九一七年

さてこれから具体的にどうするかという時点で、道面豊信に運命的な出会いが待っていた。それは日本の鈴木商店（後のA社）の役員、鈴木三郎（後の三代鈴木三郎助）とのニューヨークでの出会いである。

一九一七（大正六）年当時の鈴木商店は以前の合資会社から株式会社に改組し、社長は二代鈴木三郎助（本名泰助）、専務は鈴木忠治（泰助の実弟、後に社長就任）だった。東京に本店、大阪に出張所（三年後に支店昇格）を持ち、主力の川崎工場のほか、大島工場、葉山工場、浜中工場を操業し、新調味料のグルタミン酸ソーダ（ＭＳＧ）を中心に各種化学製品を製造販売していた。特にこの年には米国向けのヨード製品や塩素酸カリなどの工業薬品の輸出が急増し、にわかに米国市場が脚光を浴びていた。

これをみた鈴木三郎助社長は、米国向けのさらなる輸出拡大と市場調査をねらいに、息子の三郎に単身渡米を命じた。三郎は一九一七年四月二十八日に横浜港を出航して約一ヵ月後、米国サンフランシスコを経由して五月三〇日にニューヨークに着いた。

三郎はまず、日本の鈴木商店の商品を一手に取り扱っているニューヨークの輸入・販売商社に出向き、さらなる販売拡大を要請し、今後の取引方法や営業戦略などについて折衝を重ねた。

長期滞在を覚悟してかなりねばり強く話し合ったが、正直なところ三郎の熱心な販売拡大要請の真意が相手になかなか伝わらなかった。相手の商社は他にいろいろな商品を取り扱っており、鈴木商店の商品にはあまり魅力を感じておらず、将来とも取り引きを拡大する意欲がないことが次第にわかってきた。

そこで三郎は東京と連絡をとったうえで、鈴木商店が自ら独立した出張所をニューヨークに開設することにし、七月二日にニューヨークのダウンタウン、ブロードウェイ280の「サンビル」内の一室に最初の事務所を開いた。そしてすぐ同月二十三日には、より広いスペースを求めて近くの「パークロービル」に移転した。こうして鈴木商店は一九一七（大正六）年七月に米国ニューヨークの繁華街の一角にくさびを打ち込んだ。これが米国における本格活動の端緒だった。

三郎には自社商品の販売促進や市場調査のほか、人材探しという重要な仕事が残っていた。異国の地で商売をするには、何といってもそれに適した優れた人材が必要である。米国ニューヨーク入りした三郎にとって、事務所を構えた今となっては、ここを任すことのできる人材の確保が最も大切な仕事になったのである。

三郎は毎日のようにあちこち出かけて日系企業の知人たちと会いながら、人探しの話を広めていった。そしてついに若き道面豊信と出会ったのだった。

米国ニュージャージー州の倉庫会社に鈴木商店が自社商品の保管を委託していたのが縁で、

ニュージャージー州サミット市で働いていた道面豊信の存在を、三郎は知人からの情報で知ったのである。三郎はさっそく豊信と会うべく、連絡をとった。

こうして三郎と豊信はニューヨークで初めて面会した。会話を始めて間もなく、三郎のからだ全体に強烈な電撃が走った。豊信が単に米国で大学教育を受け、英語が堪能だったり米国の社会生活や企業活動に通じていたからではない。日本人としてのアイデンティティー（自己の存在証明）をしっかり持つと同時に、国際人として広く大きく飛躍したいとの強い情熱を持ち合わせていたからだ。三郎は自社にぜひ必要な人材だと直感し、今後の事業展開の可能性などをいろいろ説明しながら、強く入社を懇願した。

豊信は三郎の真剣な力のこもった話をしばらく静かに聞いていた。その後、いくつかの質問や意見を述べた。豊信はサミットのベーカリー店勤務をそろそろ見切り、もっと広がりのある仕事を選択したいと考えていた時期でもあった。そのこともあるのだが、何よりも三郎の話の内容に魅力を感じとり、その熱意に胸を打たれた。

豊信は日本の高校を一九〇六（明治三十九）年に卒業して間もなく米国に渡り、大学卒業後すぐに就職したため、一九〇七（同四十）年に創業し業務を始めた日本の鈴木商店のことは何も知らなかった。

初めて三郎から話を聞いたのだが、豊信が興味を持ったのは鈴木商店は自社で商品を製造販売していることと、それを米国や東南アジアなど世界に広げようとしている点だった。しかも新しく開発した調味料（ＭＳＧ）は特許を取得した独自商品である。

高度な技術力を背景に独自商品を開発・生産し、広く国際市場で販売する――豊信がかねて理想と描いていた〝モノ作り〟企業像の基本をひと通り備えているではないか。まだ企業規模が小さく、ひ弱いが、これは起業して間もないため当然で、これから大きく強くしていけばいい。それは自分の仕事として残っているようなものだ、と豊信は受けとめた。

この時、道面豊信は二十九歳、鈴木三郎は二十七歳だった。後にこの二人が、第二次世界大戦による戦災で事業上潰滅《かいめつ》したＡ社を戦後、建て直すことになる。

結果的に、一九一七年の豊信と三郎との運命的な出会いは〝相思相愛〟で終わり、翌一九一八（大正七）年三月に豊信は鈴木商店に正式入社、ニューヨーク駐在となった。三郎は豊信と出会い、そして自社に迎え入れたことを最大の収穫に、一九一八年一月に日本に帰国した。以後、米国ニューヨークについては道面豊信がすべてを仕切ることになった。

鈴木三郎は、企業経営の三大要素「ヒト」「モノ」「カネ」の中で、最も大切なヒトを得たのだった。

一九一七（大正六）年は道面豊信にとって、妻玉子との見合い・結婚と、鈴木三郎との出会い・転職という人生の二大出来事が重なった記録すべき年になった。いずれも人と人との〝縁〟であり、どちらもその後の豊信の人生を決定付けることになる。

## 米国ニューヨーク、シアトル時代

A社に正式入社、すべてを任された豊信は、住居をサミットからニューヨーク市内に移し、玉子との新婚生活を送りながら日常業務に取り組んだ。ニューヨークには鈴木商店の商品を売り込めそうな大手食品会社、薬品会社、化学会社などが数多くある。また事務所周辺は早くから発展したダウンタウンだけあって全体に広がりがあり、いつも賑やかな音楽が流れるイタリア街（リトルイタリー）や中華飲食店が立ち並ぶチャイナタウンなどがすぐそこにあった。つまり主力商品MSGの売り込み先の対象はいくらでもあるともいえたが、それはあくまで理論上の潜在需要であり、当時は商品の認知度がまだ低いことから実際の販売は苦戦した。いろいろ説明しても相手に理解されなかったのである。

豊信はそれでもあきらめずに販売努力を続けた。「新しい商品を売り込む市場開拓はどんなものでも簡単ではない、時間がかかるものである」――豊信はこう考えた。また、努力を重ねていけば、この商品の特性からみて、やがてアメリカ市場で受け入れられ、広がりをみせるに違いない、とも思った。だから豊信にとっていまの困難や苦戦はなんでもなかった。

ニューヨークでの販売拡大には時間がかかるとの判断から、豊信はもう一つの重要案件に取り組むことにした。それは主力商品であるMSGの原料確保である。

鈴木商店は設立当初から、MSGの原料として日本国産の小麦粉を使用していた。まだ使用量が多くなかったし、日本製粉や東亜製粉などの国内製粉会社から手近かに入手できたからである。

しかし道面豊信は、この原料手当てについて疑問を持ち、品質の優れたカナダ産小麦に変更すべきだ、と本社に提言した。品質面だけでなく、将来の需要拡大を考えて、原料が大量に必要になった際の対応策でもあった。A社はさっそくこの豊信からの提案を採用して、カナダから原料小麦の一部を直接買い付けることを決めた。

豊信の決断と行動は素早かった。一九二二（大正十一）年四月に、ニューヨーク出張所を思い切って一時閉鎖し、カナダ産小麦の買い付けとその日本向け出荷に便利な米国西海岸のシアトルに事務所を構えた。シアトルは米国北西部の都市でカナダとの国境に近く、太平洋に面した港町である。カナダの穀倉地帯のマニトバ州（首都ウィニペック）から原料小麦を鉄道貨車で運び、シアトル港で貨物船に積み換えて日本向けに出航するのに最適な場所だった。

事務所はシアトル市内の小高い丘陵にあるセントラルビルの一角に位置した。ビルの窓から港全体が眺望できた。豊信はここを拠点に、足しげくカナダ・ウィニペックの穀物商社を訪ねて良質な原料小麦を買い付け、シアトル港から貨物船で日本に運ぶルートを開拓した。

自分が買い付けた原料小麦を積んだ貨物船が、煙突から灰色の煙をあげながら港を静かに離れ、青い海原に白い航跡を残しながら日本に向けて次第に遠ざかって行く。

このパノラマのような眺望が、事務所から見ることができた。豊信は事務所のソファーでゆっくりと身を投げ出し、葉巻たばこに火をつけて紫煙をくゆらせながら、こうした絵画のように美しい光景を見つめるのが好きだった。至極の時間といえた。

一九一七（大正六）年から一九二三（同十二）年までの六年間は、道面豊信と玉子にとって、米国での家庭生活が最も充実していた時機でもあった。

一九一七年に日本で結婚・入籍してすぐニューヨークに定住して約一年後の一九一八年三月、二人にとっては初めての子供である長女信子が誕生した。

鈴木三郎と運命的に出会い、それを契機に鈴木商店のニューヨークでの業務を任されて活動を始めた時期と重なる。

慣れていた米東海岸のニューヨーク出張所を一時的に閉鎖し、カナダ産小麦の買い付けとその日本向け輸出ルートを確立するために米国西海岸のシアトルに事務所を構えたが、シアトル移転約一年後の一九二三年一月には次女明子が誕生した。

こうして鈴木商店に入社後の数年間のニューヨークおよびシアトル時代は、道面豊信・玉子夫妻が子供たちと一緒に家庭生活を過した米国での唯一の期間だった。短かかったが幸せだった。

だが豊信は、これにあっさりと見切りをつけた。次女明子がシアトルで誕生して間もなく、二人の娘を日本に帰国させることにしたのだ。豊信の子育てに対する考え方によるもので、「日本の礼儀・

作法や歴史、日本語などを知らない〝変《へん》な日本人〟にしたくない」「あくまでも真の日本人として育てたい」との強い信念に基づいている。

こうして五歳の長女と零歳《ぜろ》の次女の二人を玉子が日本に連れて帰り、以後は広島に住む祖母・野間ユカ（玉子の母）のもとで二人の娘が育つことになる。この状態は、道面夫妻が最終的に米国を離れ、日本に帰国するまで続いた。

家庭的に少し寂《さび》しくなったが、一方で身軽になった道面豊信夫妻は以降、ニューヨークを中心に存分に動き回ることになる。

## ニューヨーク再挑戦――初め苦戦も次第に拡大――

シアトルでの原料小麦買い付けとその日本向け輸出の拠点づくりの完成を見とどけて、豊信は一九二六年八月にニューヨークに戻ってきた。本来の仕事である米国での自社製品の販売に取り組むためである。

とりわけA社の本命商品である新調味料MSG（最近ではうま味《み》調味料と表現）を米国に広く普及させることが最大の課題だった。

ニューヨーク出張所を一時閉鎖し、シアトルに移った時もそうだったが、当時の米国では新調味料MSGはまだあまり知られていなかった。一般のアメリカ人の食生活になじみの薄い調味料だったのだ。

当時の米国で調味料類といえば、胡椒《こしょう》、パプリカ、ベイリーフなどの数多くの香辛料（スパイス）や塩、砂糖が中心だった。形状こそ塩、砂糖に似ているが、匂いがほとんどなく、舌でなめてみると特異な味がする新調味料MSGの利用方法が米国人になかなか理解されなかったのは無理もないところ。こうして市場開拓は苦戦の連続だった。

取り巻く諸条件が厳しい中でも、道面豊信の販売努力は根気よく続けられた。日本と距離的に近いアジア市場を除くと、「米国市場は最大の海外市場であり、新調味料・化学調味料の性能は合理的な生活を尊重するアメリカ人に必ず理解されるはずである」との判断と確信がその背景にあった。

こうして一九三〇（昭和五）年春には、会社の重要方針として米国市場への新調味料の輸出強化策を決定、新しくニューヨークの事務所をパーク・アベニューの「NYセントラルビル」に構え、心機一転して出直すことにした。

NYセントラルビルはニューヨーク・マンハッタンのミッドタウンに位置する高層ビルで、その特色ある形でよく知られているパンナム・ビルや鉄道のグランドセントラル駅に隣接している。また、東には国連本部、西にはタイムズスクェア、ブロードウェイ、北西にはロックフェラー・センター、セントラルパークなどがあり、NYセントラルビルをはさむ45通り、46通りには高層ビルが林立し、高級店舗がぎっしりと並んでいる。

それ以前に事務所があったダウンタウンの風景とはがらりと変わり、いかにも近代ニューヨークの中心部を象徴するような、典型的な高級オフィス街の一角を占める位置どりになった。

ここを拠点に、日米開戦のキナ臭い気配を感じて日本に引き揚げる一九四〇（同十五）年までの約十年間、道面豊信は米国市場の開拓に全力で取り組んだ。

## 米国市場の開拓――新聞や雑誌でPR
### 三大拠点づくりも戦争の壁

まず最初に手がけたのは、多額の資金を投入しての広告・宣伝および販売促進活動だった。当時の記録として、日本円換算で総額約五万円の予算が計上された、とある。

具体的には地元新聞の活用で、当時ニューヨークで一流新聞だったニューヨーク・ジャーナル、ニューヨーク・アメリカンの二紙に新調味料MSGの広告を掲載し、一般家庭での需要を喚起した。こうした新聞を使っての家庭用、一般消費者向けのPR活動は繰り返し実施された。

同時に一方ではホテルやレストラン向けの業務用、大口需要者向けの売り込みにも取り組んだ。料理・栄養関係の全米規模の専門雑誌に新調味料MSGの広告を掲載しながら、料理店、ホテル、学校、病院、食品会社などには直接使用を試みるよう働きかけた。

その際に道面豊信の発案が生かされた。具体的には、米国市場でそれまで知られていない新参者の調味料をより良く理解してもらうために〝スーパーシーズニング〟(Super Seasoning)と銘してPRした。その意味するところは、「どのような料理材料(食材)にも使用でき、かつ万人向きのシーズニング(調味料)である」ということだ。道面が考え出したこの用語は以後、米国各地で展開する広告・宣伝活動の説明用語として常時使用することになった。

当初は反応が乏しかった広告・宣伝および販促活動も、回数を重ねるうちに手応えが出てきた。それは意外にも大口需要家、食品業界からだった。NYセントラルビルに新しく事務所を構え本格的に米国市場開拓に取り組み始めてちょうど一年後の一九三一（昭和六）年春に、米国で最も有力な食品メーカーの「ハインツ」社が、自社のかん詰め食品に使用する目的で新調味料MSGを初めてまとめて注文してきたのである。

それにやや遅れて、こんどは最有力のスープ製造業者の「キャンベル」社が大量注文を申し込んできた。この大手二社に続く形で、他の中小加工食品メーカーにも新調味料の採用が広がった。さらにニューヨークや地方の料理店、ホテルなどからも注文や照会がぽつりぽつりと出てきた。こうして苦戦が続いていた米国市場開拓も、業務用・大口需要家向けを突破口にようやく動き始めたのである。

だが一方の家庭用・一般消費者向けは予想以上に苦戦が続いた。やはりこれまでの習慣上、新しい調味料は家庭の主婦にはなかなか理解されず、浸透しなかったのである。

道面は当初から、家庭用・一般消費者向け需要の喚起を第一と考えていたので、業務用・大口需要の先行にやや複雑な心境だった。「本命の家庭用・消費者向け需要をどうすれば喚起できるか」――道面は毎日考え続けた。

一般家庭の主婦や消費者向けの普及・浸透を図るために、一流新聞の広告の中で「新調味料は植物性たん白質から作ったもので、食べ物本来の持ち味を引き立たせるものである」ことを理解してもらおうと、苦心しながら説明文を練り上げそれを繰り返し掲載した。また、事務所員と手分けして有力な食品卸商やチェーンストアに出向いて働きかけたり、自ら先頭に立って多数の食品小売店をコツコツ回り、直接売り込んだ。道面の若いころからの行動力、とりわけ学生時代の各種アルバイトやベーカリ店での多様な経験が大いに役立ったのである。

こうした努力を重ねた結果、業務用・大口需要にやや遅れて、待望の家庭用・一般消費者向けの小口需要も米国各地でようやく出始めた。しかしニューヨークを中心に広告・宣伝、販売活動を実施したにもかかわらず、注文してくるのは地元ニューヨークでの若干量を除けば、カリフォルニアやオレゴンなど西部沿岸の諸州からのものが圧倒的に多くを占めた。日本人が多く住み、日本に地理的に近い太平洋沿岸地区がまず確実な市場であることが判明したのである。そこでさっそく一九三六（昭和十一）年十月に米国西海岸のロサンゼルス市内に新しく事務所を設立した。

このロサンゼルス事務所を拠点に広くアメリカ人家庭向けに販売促進策を実行した結果、新調味料は太平洋沿岸諸都市を中心に浸透し始め、アメリカ人の食生活の中でようやく市民権を得る兆しが見えてきた。

日本生まれの新調味料ＭＳＧが、米国市場で認知され普及し始めた背景には、米国のメーカーによるグルタミン酸ソーダの製造・販売開始がある。道面がニューヨーク事務所を拠点に新調味料の販売促進に取り組み、やっと手応えを感じ始めた同時期に、米国内でも製法こそ違うが同じ新調味料をつくる製造・販売業者が複数出現し、これらが相乗効果となって米国市場での普及を早めた。

シカゴに本社を置き、「アクセント」の商標名で全米で市場展開したメーカーがその代表格である。

ライバルメーカーの出現ということになるが、道面はむしろこれを歓迎した。広くて大きい米国市場を開拓するためにはプラスになる、と考えた。米国のライバル社との話し合いの場で道面は常々「新調味料の市場として業務用・大口需要も重要だが、家庭用・小口需要はもっと大切だ」と発言していた。業務用の大量販売――値下げ競争を牽制するとともに、家庭用の普及こそこの商品の本命であり、そのためには信用力、ブランド力を大切にすべきである、という道面の一貫した経営哲学そのものの表明でもあった。この考えは道面が日本でA社の社長になってからも強調され、一般消費者に信頼され支持される食品メーカーを構築する基本にもなっている。

米国での次の策として、ニューヨーク、ロサンゼルスに続く拠点として一九三九（昭和十四）年秋にシカゴに事務所を設立、駐在員を置いた。米国の東部、西部、内陸部を代表する三大都市に〝くさび〟を打ち、全米での本格的な市場展開を目前にしていたのだが、迫り来る世界的規模の戦争の影――第二次世界大戦の暗雲により、その実施が危うい情勢になってきた。

## 米国NY発の日本向け情報
### 株式暴落や世界恐慌も

一九一八（大正七）年にA社の米国での活動のすべてを任されて以降、道面豊信には堅く守り続けてきたものがあった。それは米国の政治、経済、産業を中心とした重要な情報を、小まめに日本の社長・二代鈴木三郎助あてに送り届けることである。

これは道面の頭の中に、「これからは世界の動向、とりわけ強大国になりつつある米国の動向が日本に最も影響を与えるであろう。したがって米国についての正確で詳細な情報を得ておく必要がある。それも個人だけでなく、企業トップをはじめ経営の舵取りをする複数の幹部が情報を共有することが大切である」との認識があったためだ。

こうして道面は米国ニューヨークに在住している間は、日常の営業活動の展開と並行して、いわゆる米国および世界の情報を収集するために時間を使った。

現地発行の英字新聞や雑誌類を詳細に読むほか、ニューヨークやシカゴでの財界・産業人の諸会合に積極的に出席し、多くの米国人との座談会や会話を重ねた。コロンビア大学の卒業生の会合にも参加した。もちろん在米日本人の会にも顔を出して諸情報の精度を高めた。

「米国・道面豊信発、日本・鈴木三郎助着」の初の重要情報は次のように記録として残っている。

ヨーロッパを中心に展開した第一次世界大戦は一九一八年十一月に終結したが、以後その反動もあって、世界全体は次第に不景気に落ち込んで行った。

ニューヨークで米国の景気後退を実感した道面は、さっそく一九一九年夏場に「そろそろ反動期がきそうです……。」との報告書を日本の三郎助に送っている。これがニューヨーク・道面発の第一報である。

三郎助も戦後の反動を警戒して、高値の原材料の買い付けを手控え、工場の操業を短縮するなどの対策を進めていた矢先だった。そこに道面からの情報を得て、自分の判断に自信を強めたのである。

だが現実は皮肉にも、一時的にではあるが全く逆に動いた。日本は大戦後の不況が全体的に軽微に終わったこともあり、一九一九年九月から原材料価格や株式相場が投機的な様相を見せ、例えばヨードや多くの薬品類は空前のブームとなり価格が暴騰、注文が殺到した。

三郎助は基本的には反動への警戒心を持ち続けながらも、目の前の上昇ムードに判断が揺らいだ。そこに同年十一月、道面から「米国株式市場の崩落」を知らせる電報が三郎助に届いた。やはり米国では反動がきた、これは日本にも波及するに違いない、と三郎助は予測した。

そうなれば化学薬品の多量な原料や製品在庫、本命商品のMSGなどの先行きリスク＝値下がり損をいかに防止するか、を考えなければならない。そこで三郎助が思いついたのは、急騰しつつあった東株（戦前の仕手株の代表だった東京株式取引所の株式）の先物を信用売りすることだった。

道面からの追加の電報を受け取ってすぐの同年十一月中旬から、三郎助は四百円前後で東株を信用売りに出た。ところが予想に反して熱狂相場となって東株は上昇し、翌一九二〇（大正九）年一月には二割強アップの五百円となったのである。

三郎助は大いに迷った。周囲の空気は相場に対しまだ強気だった。考えたあげく、三郎助は一大決心し、これまでの方針を転換した。一九二〇年一月下旬にこれまでの売り玉を整理し、逆に先物買いに回って買い付け量を増大、以後の値上がりを待った。

ところが三月十五日に株式市場は大暴落、混乱のため立ち会いは二日間停止した。再度の大暴落もあり、四月十五日から事業上一カ月にわたり株式市場は閉鎖された。

欧米での戦後反動・不況とは約五カ月のズレはあったが、日本にも第一次大戦終結後の影響が恐慌相場となって押し寄せたのである。

五月十五日に再開された株式市場では、東株は百八十円前後に低落していた。わずかな期間で約三分の一になったことになる。

相場の定石は「天上売りの底買い」だが、鈴木三郎助は完全にその逆のウラ目を張ってしまったわけだ。米国の道面から再三に渡って情報を得ていたのに……と思い返しても遅かった。「あれは生涯最大の失敗だった」と三郎助は後に自ら認めている。

米国ニューヨーク・道面発、日本・社長あての情報はその後も続いた。とりわけ米国や世界にとって節目になるような時期には、その情報量は多く、詳細な内容だった。

後の第二次世界大戦の遠因ともなったといわれる一九二九（昭和四）年の世界恐慌の情報もすぐに日本に伝わった。この年の十月にニューヨーク株式市場が大暴落し、それがたちまち各国に広がり世界恐慌となった。

それまでの米国は国民の多くが株を持つなど、一種の金融投機ブームの中で繁栄していたため、株式暴落＝恐慌のダメージは大きかった。失業率の増大、消費の低迷などは予想以上に深刻だった。

こうした中で一九三三年に米国大統領に就任した民主党のF・D・ルーズベルトは、歴史に名だたる「ニューディール政策」を打ち出し、徹底した国内重視の政策遂行で米国の苦境を克服しようとした。

道面はこれらの節目にはもちろん、日本に関係ありそうな情報を切れ目なく日本の本社に送った。だがそれも終わる日がやってくる。日米開戦の時機が迫ってきたのだ。

## 一九三〇年代後半—四〇年頃の世界——〈日本〉〈米国〉〈欧州〉
（一九三六年中心に）

道面豊信が米国ニューヨークで活躍し、やがて日本への帰国を迫られることになった一九三〇年代後半から一九四〇年頃の世界はどんな状況だったのか。当時の各国の政治、経済、社会、文化などの主な事柄を拾ってみると、その様相が見えてくる。

この時代の考察については、寺島実郎の名著『ふたつのＦＯＲＴＵＮＥ（フォーチュン）―１９３６年の日米関係に何を学ぶか』（ダイヤモンド社、一九九三年）に詳しい。その他の文献や年表などと合わせて、主要各国の当時の概況をまとめてみたい。

**〈日本〉**

一九三〇年代の日本は、中国への侵攻を進めながら国際政治の中で孤立し、ひたすら軍事化へと加速していた。

一九三一（昭和六）年の柳条湖事件は満州事変の契機となり、翌一九三二年には満州国を建立、それを足場に中国への侵攻を進めた。一九三三年には国際連盟を脱退し、国際的な孤立を一段と深めた。

一九三七年の盧溝橋事件は当時の日本では日華事変と呼称していたが、やがて一九三九年からの日中戦争の本格展開へとつながった。これを機に日本と米国との利害が対立、両国間の関係が急速に悪化していった。

軍事化の流れの中で、国内では一九三六年二月二十六日に陸軍皇道派の青年将校による「二・二六事件」が起きた。時の蔵相高橋是清などが殺害され、首相官邸や警視庁などが襲撃される大事件だった。しかしこれがその後、軍への批判や粛軍には結びつかず、むしろ軍部の強化や拡大が一段と進む結果になった。

日本の国内経済は一九二九（昭和四）年の世界大恐慌から早々に脱し、一九三一年から三七年にかけては目を見張るほどの急成長を続けた。不況脱出の方策は財政支出の拡大と輸出の増大で、一九三一―三七年間の日本の実質GNP（国民総生産）の年平均成長率は約七％にもなった。

だがこれは「満州ブーム」の言葉が示す通り、建国途上の満州向けの盛んな輸出が支えになっていた。好況の恩恵を受けたのは一部の輸出産業と軍需産業だけで、日本経済全体は都市と農村部との格差をはじめ、深刻な構造問題を抱えたままだった。

その象徴は軍事費の拡大で、世界から孤立し「国防国家」の建設を急ぐ軍部は、軍事費を一九三一―三六年の五年間で二倍強にも増やした。その結果、歳出全体に占める軍事費の比率は一九三六年には実に四割強にもなり、国家財政は大きな〝ひずみ〟を内包しながら異常な様相を見せていた。

社会、文化の面ではいわゆる「大正ロマン」を引き継いで、全体に「昭和一《ひと》ケタ」の明るさを見せながらも、時代の色調をそれなりに反映していた。

当時の新しい生活スタイルを囲むいくつかをあげると、東京・上野―浅草間の地下鉄開通（昭和二年）、東海道線に特急「つばめ」登場（同五年）、続いて本格的トーキー映画の上映、浅草オペラ座、新宿ムーラン・ルージュの出現などがあり、昭和一ケタを特色づけた。

音楽では「東京行進曲」（同四年）、「東京音頭」（同八年）が発表され、大正十四年から始まっていた全国ラジオ放送の電波に乗って、たちまち全国で爆発的に大流行した。

軍事色が強くなっていく世相に反発するかのように「エロ・グロ・ナンセンス」の言葉が流行し、銀座のカフェー・ブームも広がった。ある種の退廃ムードの出現で、いわゆる〝風俗〟営業も盛えた。

こうした中で、最も異様な事件として映ったのが一九三六年の阿部定《あべさだ》事件だった。

東京の待合で、阿部定なる女性が情夫を殺害し下腹部を切り取って逃亡したという猟奇事件が、二・二六事件後の戒厳令下の東京で、しかも同じ年に起きたことは、その対比の奇妙さや説明の難しさもあって日本中にたちまち知れ渡った。

その後、何度も映画化や演劇の題材となり、当時の世相を反映した事象として現在まで引き継がれている。

一方、文学の世界をみると、極めて実りの多い時代だったことがわかる。一九三六、七（昭和十一、一二）年にかけて、阿部知二『冬の宿』、太宰治『晩年』、山本有三『真実一路』、吉川英治『宮本武蔵』（昭和十年から朝日新聞に連載されブームに）、川口松太郎『愛染かつら』、川端康成『雪国』、志賀直哉『暗夜行路』、永井荷風『濹東綺譚』、堀辰雄『風立ちぬ』、横光利一『旅愁』などが相次いで世に出た。いずれもその後、日本文壇史に名を残す作品である。

一九三八（昭和十三）年以降は中国での武力衝突・侵攻作戦の展開を背景に、文学界も次第に戦時色を強めていった。火野葦平《あしへい》『麦と兵隊』をはじめ、従軍作家陸軍部隊や海軍部隊として久米正雄、丹羽文雄、林芙美子、菊地寛、佐藤春夫らが中国大陸の前戦や東南アジア各地――いわゆる南方に赴いて、結果として戦争を後押しする文章を書いた。国民の戦意高揚を目的とした「ペン部隊」である。

同様に作詞・作曲などの音楽隊は国威や戦意を高めるための軍歌や歌謡曲をつくり、画家は戦争絵画を積極的に描くなど、各分野に軍事色が広がって行った。

〈米国〉

道面豊信が定住し自信を持って仕事に取り組んでいた一九三〇年代の米国では、ヨーロッパの不穏な動きに巻き込まれることを恐れながら、独自の体制づくりが進んでいた。

米国にとって深刻だったのは、一九二九年十月のニューヨーク株式大暴落に始まった大恐慌だった。それまでは第一次世界大戦後の好景気を背景に、金融投機ブームが続き、国民のほとんどが株を買い、その株が値を上げて豊かさを享受していた。

だが、大恐慌を機に様相が一変し、失業率はピークには実に三〇%を超え、一九三四、五年には二〇%台に減少したものの、一九三六年になっても約一七%と高いままだった。

米国経済の苦況は基本的に一九三〇年代を通して続き、そのまま第二次世界大戦・太平洋（日米）戦争へと進んで行った。

こうした中で登場したのがルーズベルト大統領で、経済政策として「ニューディール政策」を打ち出した。その基本は自力で管理された資本主義経済を確立することで、そのために失業対策、公共事業、農業改革、銀行・金融改革・産業政策などを次々と実施した。

それまでの共和党フーバー大統領に代わり、一九三三年に就任した民主党ルーズベルト大統領は以後十二年間以上も大統領の座にあった。一九四一年十二月の日本軍によるハワイ真珠湾攻撃に端を発した日米戦争を指揮し、第二次世界大戦終結を目前に一九四五年四月に急逝したが、結果的に日米戦争、世界大戦に最も深くかかわりあった米国大統領だったといえる。

ニューディール政策は、共和党を支持する資本家や保守派から「社会主義」のレッテルが貼られ危険視されたが、ルーズベルトは選挙のたびに大資本による商業と金融の独占に反対し、社会保障や公共事業の拡大・強化を訴えて多くの民衆の支持を得て異例の長期政権を続けた。

米国には伝統的に「他国の紛争に巻き込まれたくない」との潜在意識が根強いが、一九二九年の大恐慌の経験がこれに拍車をかけ、一九三〇年代には徹底した内向きの姿勢をとった。これを支えたのが「ニューディール政策」と、交戦国への諸物資の輸出禁止を内容とする「中立法」だった。

一九三〇年代のアメリカはまた、豊かな文化、文明が開花した時機でもあった。情報メディアの先駆けとしてラジオ放送が一九二〇年から全米に広がり、三〇年代は全盛期を迎えていた。

活字メディアの中では雑誌が相次いで発刊された。一九二〇年代に創刊された『リーダーズ・ダイジェスト』、『タイム』、『ニューヨーカー』に続き、三〇年代には『フォーチュン』、『エスクァイア』、『ライフ』などが誕生し、いずれもマディソン街に居を構えた。

こうして一九三〇年代のニューヨークは、情報・出版・広告業のセンターのマディソン街と、すでに先行していた演劇・音楽のセンターのブロードウェイの二大拠点を足場に、最先端の大衆文化を世界に向けて発信した。

文学では一九三六年にM・ミッチェルが世界的なベスト・セラーになった『風と共に去りぬ』(Gone with the Wind)を発刊した。たちまち日本を含め各国で翻訳され、全世界で二千五百万部強売れた。三年後の一九三九年にはビビアン・リーとクラーク・ゲーブルの主演で映画化され、数多くの部門でアカデミー賞を受賞した。

だがこの長編映画が日本で公開されたのは戦後になってからで、一九三九年の緊張高まる日米関係がやがて日米（太平洋）戦争へと進んで行った影響が読みとれる。

同じ映画の分野では少し前の一九三六年に喜劇王チャップリンが『モダン・タイムズ』を完成、発表した。現代の高度に機械化された産業社会の一面を暗示する名作として残っている。

続く一九三七年にはウォルト・ディズニーが初のアニメーション映画として『白雪姫と七人の小人』を完成させた。以後、『ピノキオ』など、世界の子供たちが喜ぶディズニー作品・映画が続々と世に出た。

さらに一九三九年にはジョン・スタインベックが小説『怒りの葡萄《ぶどう》』を刊行した。ブロードウェイではミュージカル映画『オズの魔法使い』が登場した。

一九四〇年にはE・ヘミングウェイが小説『誰がために鐘は鳴る』を発刊、映画ではオーソン・ウェルズが『市民ケーン』を製作・上映された。

もう一つ見逃せないのは音楽の分野、とりわけジャズである。十九世紀末に黒人が多く住むニューオーリンズの歓楽街から始まったといわれる「ニューオーリンズ・ジャズ」は一九二〇年代にミシシッピー川を北上し、禁酒法時代（一九二〇―三三年）のシカゴで隆盛した後、やがてニューヨークで形を変えて開花したという。それまでの小編成の即興音楽の様式から、大編成のアレンジされた集団演奏へと変わった。

こうして一九三〇年代にはニューヨークのハーレム、ブロードウェイ、52通りなどにジャズ・クラブが誕生し、繁盛した。デューク・エリントンなどが活躍し名を残したが、一九三八年には「スウィングの王」といわれたベニー・グッドマンがクラシックの殿堂だったカーネギーホールで初めてジャズ・コンサートを開き、ジャズ音楽の位置付けを決定的に高めた。

一九三〇年代はまた、現在の米国ニューヨークの主要な社会資本を構築し都市基盤を整えた時機でもあった。

ニューヨーク・マンハッタンの有名なクライスラー・ビルは一九三〇年に、映画で「キングコング」が暴れる舞台にもなったエンパイア・ステートビルは一九三一年にそれぞれ完成し、いまでも摩天楼の代表的なビルとして偉容を誇っている。

飛行場にその名を残しているF・H・ラガーディアが一九三三年にニューヨーク市長に着任し一九四五年までの間､当時のルーズベルト大統領とほぼ同じ在任期間中にニューヨークの主な道路、橋、地下鉄などの公共事業を集中的に推進、完成させた。

その代表格は一九三六年完成のマンハッタンとクィーンズを継なぐミッドタウン・トンネル、翌三七年完成のマンハッタンとニュージャージーを結ぶリンカーン・トンネルである。

米国は一九三〇年代で現在の社会システムや、道路、橋、交通などの社会資本、上下水道、セントラルヒーティングなどの生活様式のほとんどを完成させ、その構図のまま現在に至っているといえる。国内で戦争による破壊がなかったことも幸いしている。

戦後、日本で初めて東京オリンピックが開催された一九六四年が、日本で社会資本を軸とした基盤造りが一応整備された年とみると、米国と日本の間には約三十年の差があったといえる。

一九三〇年代の日米関係を経済・貿易面からみると、極めて奇妙な構図がうかがえる。

それは日米開戦が始まる直前まで、日本は米国から鉄類、石油、機械類などを大量に輸入し、逆に日本は米国に繊維、雑貨などの軽工業品を輸出していたことだ。

米国からの輸入品はいずれも重要な軍需物資で、いわば日本は米国からの輸入の力を借りて軍備を拡張し、国力を維持・強化していたわけである。

こうした主要物資の対米依存の偏重は、日本を極めて不安定で危険な立場に追い込んだ。何とか対米依存から脱却しようと、日本は石油や諸資源を求めて東南アジアや中国へ武力による侵攻を急いだが、これに強く反対する米国は日本への輸出制限措置で対抗した。

日本は領土拡大、資源確保のためにアジア地域で強力な軍事力を行使したいのだが、その軍事力の基礎的な素材の多くを供給している米国がそれを許さない。米国を無視すると、日本が誇る軍事力はたちまち底をつく恐れがある。

こうした中で、日本軍による本格的な中国および東南アジア侵攻を見て、米国は一九四一年八月に日本への石油・石油製品の輸出禁止を決定した。これが日米関係に決定的な亀裂を生み、同年十二月八日（日本時間）の真珠湾攻撃、日米開戦へと結びついた。

## 〈欧州―ヨーロッパ〉

一九三〇年代から第二次世界大戦・太平洋（日米）戦争への道筋を見るときに、欧州＝ヨーロッパの動向が欠かせない。世界を巻き込んだ戦争の震源地はヨーロッパで、とりわけスペイン内乱が導火線になったというのが定説である。

当時のヨーロッパでは、一九三三年にヒットラーによるナチス・ドイツが成立、一九三五年にはイタリアのムッソリーニによるエチオピア侵攻があった。第一次世界大戦（一九一四―八年）後に国際平和維持機構として設立された「国際連盟」は、日本の国連脱退（一九三三年）に象徴されるように、もはやその機能を失い、各国の利害対立と混迷が広がった。

こうした中で一九三六年二月、スペインの総選挙で人民戦線が勝利し、これを契機に七月にはスペイン内乱が始まった。

革新的な人民戦線に反対するフランコ将軍を中心とした反乱軍は、スペイン領モロッコで結起、ドイツとイタリアの支援を背景についに一九三九年に勝利し、内戦は終了した。

このスペイン内乱に対し、当時のソ連（ロシア）は人民戦線を物資面で支援した。米国も反フランコの旗を掲げて国際義勇兵をスペインに送った。

世界各国がスペイン内乱を注視する中で、英国とフランスはドイツやイタリアとの武力衝突を恐れて不干渉政策をとったため、結果としてフランコ派を助けることになった。

ドイツとイタリアは、フランコ派を支援する武力干渉で同一歩調をとったのを機に急接近し、一九三六年には「ローマ・ベルリン枢軸」を結成した。同年には日本とドイツの間で日独防共協定が成立、やがてこれにイタリアが加わって一九四〇年の日独伊三国軍事同盟へと発展していった。

こうして第二次世界大戦は枢軸国と連合国とがヨーロッパとアジアを主戦場として戦いが展開された。

第二次世界大戦への伏線となったスペイン内乱を題材にいくつかの優れた芸術作品が残された。

小説では、ジャーナリストとして自らスペイン内乱を体験したヘミングウェイによる『誰がために鐘は鳴る』はその代表格で後に映画にもなった。映画では、人民戦線に身を寄せる若い娘イングリッド・バークマンと、米国人の義勇兵ゲーリー・クーパーとの美しい出会いと悲しい別れが、鮮烈な映像として残された。

写真ではR・キャパによる傑作「崩れ落ちる兵士」がある。戦場で敵に狙撃され、鉄砲を片手に握ったまま両手を上げて仰むけに倒れる瞬間の人民戦線兵士を撮った作品で、これは後に続くフォト・ジャーナリズムの先駆けとなった、といわれている。

巨匠ピカソは壁画「ゲルニカ」を描いて、内乱の悲惨さを訴えた。

欧州ということで一つだけ付け加えると、英国の経済学者J・M・ケインズが「一般理論」(雇用・利子および貨幣の一般理論)を発表したのが一九三六年だった。

この独創的なケインズ理論はその後、資本主義国で経済政策を推進する際にしばしば採用された。とりわけ有効需要創出の理論的なよりどころとして広く使われた。

現在でもケインジアンという言葉とともに、その経済理論は継承されている。

## 日米関係の悪化と米国市場

道面は米国ニューヨークを拠点に全米での営業活動を展開しながら、日本の本社に向けて電報や書類（報告書）を使って米国についての諸情報を送り続けていたが、機会をみて日本に帰国することもあった。

本社の経営トップと直接会って細部にわたり諸々打ち合わせたり、機密を要する情報をフェイストゥフェイスで直接伝えるためである。その中には米国やカナダでの諸原料の手当てや、有力企業との提携交渉などが含まれていた。

道面の主な履歴をみると、一九二二（大正十一）年四月シアトル駐在、一九二六（同十五）年八月ニューヨーク出張所長、一九三〇（昭和五）年一月ニューヨーク鈴木商店㈱取締役就任、一九三五（同十）年十月㈱鈴木商店本社（日本）外国課長就任とある。それを確かめる書類や記録は残されていないが、道面はこうした節目ごとに意志の疎通を図るために日本に一時帰国していた、と思われる。

さらにはA社の初代社長の二代鈴木三郎助が死去し、その弟の鈴木忠治が二代目社長に就任した一九三一（同六）年春にも、道面は墓参と打ち合わせを兼ねて日本に一時帰国し、また米国に戻った。この頃の日米間は平穏な状態を保ち、太平洋上にはまだ波風が立っていなかったのだ。

だが一九三七（同十二）年を境に、日米間の情勢は悪化した。この年の七月、中国の盧溝橋付近で日本軍と中国軍が衝突し、これを契機に日中全面戦争へと発展した。いわゆる日中戦争の勃発である。

日本国内では富国強兵を旗印に次第に国家による統制色を強め、経済も軍需優先に傾斜していった。このため一般民需、平和産業は原材料の面からもシワ寄せを受けた。

A社の場合は、MSGの原料の小麦粉、大豆などの入手が困難になってきた。戦時の食糧・原材料を確保する目的で、政府や軍部が主要な穀物類の統制、管理に乗り出してきたのである。

このためA社の看板商品であるMSGの生産量は、一九三七年度の三千七百五十トンをピークに、以後は減少の一途だった。ついには生産が全面的にストップする状況が目前に迫ってきたのである。

一方、道面が定住し仕事をしていた米国でも大きな変化が起き始めた。

それまでは一九二六年にニューヨーク出張所を再開し、一九三〇年代にはロサンゼルスにも事務所を開設して米国での営業活動、市場開拓は順調に進んできた。

だが一九三七年の日中戦争勃発により日米間の権益が衝突し、情勢が一変した。その後も日米関係は改善せず、政府間だけでなく、双方の国民の間にも険悪な空気が広がり始めた。

米国内の各地では対日感情が急激に悪化し、日本製品のボイコット（不買）運動にまで発展した。A社の主力商品MSGもこの影響をまともに受けた。

一九三七年に米国およびカナダ向けのＭＳＧの輸出量は合計三百四十一トンと戦前の最高を記録したが、翌一九三八年には百四十三・九トンと、半分以下に激減したのだ。

それでもハワイに販売網を広げたり、一九三九年秋には米国での第三の拠点としてシカゴに駐在員を派遣するなど、米国での市場開拓、販売努力を懸命に続けた。だが、こうした努力にもかかわらず、米国での対日感情が悪化の一途をたどったため、販売は先細りでこれまで通りの営業が次第に難しくなってきた。

この時機はまた、それまで米国で活動してきた道面豊信個人にとっても大きな転換期だった。

振り返ると道面は一九一八（大正七）年以来、米国ニューヨークを中心に長期定住し、Ａ社の米国での販売拠点づくりを進めてきた。それが一応完成したところで、こんどは日米間の関係悪化やＡ社の内部事情などの要因が発生してきた。

どうやら米国での業務を後進に任せて、自分は日本に帰るタイミングが迫っていたのだ。

日本では一九三七年以降、軍事化、経済統制が強まり、Ａ社の経営はその影響で大きな打撃を受けた。

Ａ社の看板商品であるＭＳＧは原料小麦粉や大豆などの入手難のため生産中止になり、政府・軍部の要請で全体を軍需品の生産に切り換えることになったのだ。創業以来、最大の苦難に直面したといえる。

こうした中で当時の社長鈴木忠治と専務鈴木三郎助（三代）は、Ａ社の生き残りをかけて懸命に経営の舵とりを続けた。だが国全体が戦争へと歩調を強めていく中では、一企業の努力ではどうにもならないことが多かった。

それでも諸々の困難に立ち向かって経営を維持して、何としてでも企業を存続させる必要がある。そこで米国駐在の道面を日本に帰国させ、米国で得た豊富な情報と米国での営業や原料小麦の買い付けなどで見せた経営手腕を本社で役立てよう、と考えたのはごく自然のことだった。さっそく米国の道面にその旨を伝えた。

米国での営業体制は東部（ニューヨーク）、中部（シカゴ）、西部（ロサンゼルス）に拠点を置き、全米をカバーできる形になるなど、幸いにも一段落した時機だった。これなら道面が米国にいなくても何とか後輩たちが引き継いでやっていける、との判断もあった。

道面は米国に渡ってからかれこれ三十年強になる。A社に入ってからでも二十年以上になっていた。その間、必要に応じて幾度か日本に一時帰国していたが、基本的には米国在住が大半だった。ある意味で、日本を離れ過ぎていたともいえる。

それにシアトル滞在のときに、日本で教育を受けさせるため帰国させた長女信子、次女明子の二人の子供たちと別々に住むことになってからも十数年以上になる。

本社の意向を受けて、いざ日本への帰国を考えたとき、道面の頭の中にはいわゆる「ふたつの祖国」の言葉がよぎった。それほど米国生活が全身に深く染み付いていていた。

多少迷いはあったが、「あくまでも日本人として立脚し、祖国を日本にすべきだ」との結論に落ち着いた。そう決めた以上、周囲の状況からみて行動は早い方がベターである。

## 帰国、玉子の感傷、十七回の日米往復

帰国する時機を悟った道面は、妻玉子と一緒に日本に向かった。

その道中、玉子は「これが米国での最後の旅路になるだろう」と思いながら、ニューヨークからロサンゼルスまでの大陸間横断鉄道での陸路とロサンゼルス港から横浜港までの船舶による海路を、複雑な感傷に浸りながら過した。言葉では言い尽せないほどの広く・深く・重い塊《かたまり》が、胸中を締めつけた。

思い起こせば玉子は、生まれ故郷の広島で女学校を卒業して一九一七年に結婚、すぐに渡米してニューヨークを中心に道面と一緒に過ごし、かれこれ二十年になる。米国で生活した時間の方が、日本でのそれよりも長くなり、米国と米国人に強い愛着さえ抱くようになっていた。

道面と同伴して出席した各種のレセプションやパーティー、ニューヨーク郊外のペラームの自宅で開いた各種の茶飲み会や食事会。そうした場で知り合って親しくなった多くの米国人たちとの惜別の思いが、次々にこみ上げてきた。船が太平洋の真ん中へと乗り出し、米国大陸が遠ざかってからも、玉子の脳裏には米国での思い出の数々が走馬灯のように巡っていたに違いない。

当時、日本―米国間を往来する手段は船舶だけだった。

日本郵船の資料によれば、米国に向かう場合の起点は香港で、そこを出港してから上海、神戸、

横浜に寄港、太平洋に乗り出してホノルル、サンフランシスコに寄港した後に終点のロサンゼルス港に着いた。

ニューヨークに行くには、そこから大陸間横断鉄道を利用して西海岸から東海岸へと移動するのが普通だった。

米国から日本に向かうルートはこの逆になり、船舶の起点（出発）はロサンゼルス、終点（到着）は香港という具合だった。

日本の横浜から米国のニューヨークまでの間を移動するために必要な日数は、船舶と鉄道を合わせて約一ヵ月（三十日程度）だった。船旅を終えた後、鉄道に乗る前に陸地で一、二泊の休憩を入れたり、内陸の途中で一、二泊する日数が含まれるので実際は多少増減する。

玉子は一九一七年に米国に渡ってから、日米戦争の危機を察知しつつ最終的に日本に帰国する間に、合計十七回も日米間を往復した。

これは帰国して一段落した一九三九（昭和十四）年三月に、長女信子が井上健一と結婚した際の東京・帝国ホテルでの宴席で、玉子自身が周りの人たちに話していたことである。

米国で生まれた二人の娘たちに日本の教育を受けさせるため、シアトル時代に幼児期の娘二人を日本の故郷・広島の母親、野間ユカに預けたという事情もある。玉子は米国での生活のあい間をみて頻繁に日本に帰国し、娘たちに会った。離れてはいるが良き母親たらんと努めたのである。

玉子の口から「これまで十七回、日米間を往復したのよ」との言葉を直接聞いた周囲の多くは、その回数の多さに驚いた。同時に、その娘が成長してめでたく結婚に至ったことを心から祝福した。

日本（横浜）と米国（ニューヨーク）間を移動するために必要な日数は、船舶と鉄道を合わせて片道約三十日とすると、十七回の往復では合計約千二十日＝約二・八年も船や列車に乗っていた計算になる。母親と娘たちの別居という事情があったにせよ、気力や体力の強じんさは驚くべきで「母は強し」ということか。当時の人の超人的な忍耐力がうかがえる。

## 道面最後の日米往復
## 道面直筆のはがきと手紙——米国便り三十四通

一九三九年七月〜十二月

　一九三九年春に長女の結婚式を終えて一段落してから、道面豊信は単身で米国に向かった。目的は二つあった。その一つは米国の最近の実情をもう一度自分で直接確かめるためである。日米関係は日増しに悪化しているが、本当に日米開戦が始まるような事態になるのだろうか、A社を含めすべての日系企業が米国から退去することになるのだろうか——などを米国各地を回って総合的に見極めたい、と考えたのだ。

　もう一つは自社の経営に関連して、米国から輸入していた化学原料の手当てをどうするか、という問題の解決である。日米開戦になればすべてはストップすることになるが、それまでに原料は順調に輸入できるのか、それとも近時点で途絶えるのか——などの見通しを確かめることである。

　日米間の往復については、これまでは妻玉子と二人で動くことが多かった。だが、いまは日米間に暗雲が垂れこめ危険な空気さえ漂っている。しかも難しい仕事関連が絡んでいることもあって今回は道面一人で動いた。日本に帰る時機を前もって決めないまま、一九三九年七月に横浜港を出航、米国に向かった。

この際に道面は、日本を出発後に航路でハワイを経由して米国西海岸に着き、陸路で西海岸の主要地を回って東海岸のニューヨークに到達、そこで仕事を終えてから日本に帰るまでの間の四ヵ月余りの行動を、書簡やはがきにかなり克明に書き残している。

すべて道面の直筆で、絵はがき二十八枚、小型封書五通、クリスマスカード一枚の合計三十四通にのぼる。これらが長女信子が嫁いだ先に、井上健一・信子の両人宛または健一宛に送られている。

どちらかというと筆不精の道面が、短期間にこれだけ多くの絵はがきや手紙類を集中的に書き送ったことは不思議ではあるが、その理由としていくつか考えられる。

単純な理由は、その年の三月に結婚したばかりの長女を思っての父親としての心遣いがある。慣れない長崎の島での新婚生活を元気づけよう、との親心である。はがきや手紙類の随所に、女性が興味を持ちそうな食べものや料理メニューを紹介したり、娘にやさしく語りかけるような文言を見かける。

より深い理由としては、これが日米往復および米国滞在の最後になるかも知れないとの予感から、自分の行動・考え方や米国で感じとったことなどの諸情報を、郵便物を送る形をとりながらなるべく多く残しておこう、と考えたに違いない。

郵便物を大別すると、横浜を出てニューヨークに着くまでに立ち寄った各地の様子や風景、それらの感想などを内容とした一九三九年七月下旬から九月上旬までの前半と、ニューヨークやワシントンを中心に残務を処理し、自身が最終的に米国を離れて帰国の途につく同年十二月下旬までの後半の二つに分けられる。

前半のニューヨーク到着までに投函した郵便物は絵はがきが多く、文章の内容も各地の紹介など、穏やかな表現にあふれている。

だが後半のニューヨークでの仕事と最終的に日本への帰国準備に取りかかった時期の郵便物は、ヨーロッパでの戦争勃発を反映して、ヨーロッパ各国や米国の状況を心配した戦時色の強い内容が混ざり、いくつかは他人に読まれないように小型封書と便せんを使用して日本に送っている。

文章の大部分は日本語で書いているが、当時の道面は日本語よりも英語の方が得意だったこともあり、絵はがき二枚と封書二通の全文が英語で書いてあるほか、日本語での絵はがきや封書の文章の中にも部分的に英語が混ざるなど、独得の文体になっている。

これら三十通余は現存する唯一の、道面豊信直筆の郵便書簡である。

当時の道面の物の考え方や、日本や米国をはじめ世界の情勢を知るうえで極めて重要と思われる内容が含まれている。

以下、本人の特色を極力生かして伝えるため、原文に沿って郵便物の中身を忠実に復元した。本人の文面中のかっこ（　）やふりがな（ルビ）は、読みやすくするために、最小限度に絞りながら筆者が付け加えた。文面中の「……」は原文で読みとれなかったり、不明な部分を示す。

「KAMAKURA-MARU」のスタンプと消印のある一九三九年七月二十七日付の最初の絵はがき

は、前日の七月二十六日に横浜港から乗船した「鎌倉丸」の鮮明なカラーが印象的である。

宛先は「長崎港外 高島三菱鉱業所社宅 井上健一、信子殿」となっている。

文面は万年筆を使って、次のように書かれている。

「昨日は朝から快晴。暑いので見送り下さった沢山な人々に対し、気毒でした。

午後三時波止場を離れる時もテープは時節柄禁止。併し日米学生会議出席代表者四十八名の乗船客には各大学の学生達が見送りに来て、盛んに校歌をドナリ、トテモ賑はしく騒かしく船出も愉快。

七時過ぎになつかしき日本の野島岬の燈台のピカピカヒカルあかりを後に船は……太平洋に進航している。今日は海も静か、元気である」

これが一連の郵便物の第一報である。道面豊信の戦前最後の米国向け一人旅はこうして始まった。

## 乗客用パンフレット
### 一九三九年七月二十六日付

また、一連の郵便物とは別に、乗船初日の七月二十六日の日付が入った船内乗客用のパンフレットも残されている。その日の夕食メニューや音楽プログラムが載っている。

道面はこれまで幾度も日本―米国往復を経験してきた。その多くは妻玉子と二人で、またあるときは一人だったが、その際にはいつも船内で夕食や音楽会を楽しんだ。

今回は最後の旅路になるかも知れない特別の意味合いがあることから、この日の乗船パンフレットを大事にしまい込み、日本に持ち帰ったと思われる。数々の思い出が詰まった小冊子でもある。

パンフレットは全体が英文で縦ふたつ折り、表紙には美しさの中にも威厳を備えた典型的な日本の城と、それを取り巻く薄黄緑の木々が青空を背景にカラーで写されている。

最終面にはその説明文として『日本の城』と題した英文があり、その中で「日本の城は戦いのときだけ一時的に役目を果たすのではなく、権勢を振るったり、政治を行う恒久的な建物としてとらえられた日本独特のもので、印象的な重厚さや芸術的な要素を持たせている」とある。

内側の面の右には当日のディナーのメニューが印刷されている。内容は通常通りで、豊富である。

夕食時の音楽（演奏）プログラムは別紙の形で入っており、その上下には駿河湾から眺めた残雪の富士山と桜花の枝のイラストが描かれている。日本を象徴する絵柄である。

プログラムの中で気にかかるのは、三曲目のJ・ローサス「波涛をこえて」の題名である。太平洋を挟んで日本と米国との関係が悪化し、荒波《あらなみ》が立ちつつあった時機だったのでなおさら、両国の平和を願う気持ちを込めての選曲だったかと思われる。

# DINNER

Hors d'Oeuvre
Sea Food Cocktail Gourmet
Smoked Salmon　Stuffed Apples Maryland
Celery Roquefort　Cucumbers　Green Olives

SOUP
Consommé Minestron　Potage Crécy

FISH
Aiguillette de Turbot Caprice
Pommes de Terre Persillées

ENTREE
Cold Cornet of Ham Whipped Cream
Curre de Veau Dans Son Jus
Lady Fingers Lyonnaise

ROAST
Roast Sirloin of Beef Horseradish
Roast Selected Capon and Bacon, Bread Sauce
French Beans in Butter　Braised Hakusai Demi-glace
Potatoes: Boiled, Brown

COLD MEAT
Roast Mutton　Smoked Ox-tongue　Ham Sausage

SALAD—Betterave, Tomatoes, Cucumbers, Green Pepper, Cole Slaw
DRESSING—Thousand Island, French, Mayonnaise, Lorenzo, Singapore

SWEETS
Chestnut Pudding Cream Sauce
Pont Neuf Ice Cream, Finger Biscuits
Assorted Fancy Cakes

Devilled Almonds

Cheese　Crackers
Apples　Peaches　Sunkist Oranges
Assorted Nuts　Muscatels　Chow-chows　Dried Lychees　French Prunes

Coffee

M.S. "KAMAKURA MARU"　Wednesday, July 26th, 1939

## Musical Programme

(DINNER)

1. Fair Debutante .................. Jules Reynard
2. Overture Greeting .................. F. Muhl
3. Waltz Over the Waves .................. J. Rosas
4. Romance .................. J. S. Zamecnik
5. Sweet Jasmine .................. Theo. Bendix

N. SATOH—Leader
BY THE KAMAKURA MARU ORCHESTRA

Wednesday, July 26th, 1939

JAPANESE CASTLE

Visitors to Tōkyō, Kyōto, Ōsaka and other historic places in Japan will not fail to see moats filled with blue, placid water lined by massive stone walls with green pines upon them, and, towering high above them all, lofty structure marked by white walls. It is the ancient castle of some territorial noble, one of those castle built in the feudal ages, quite original in their conception and peculiar to Japan.

They were conceived not as temporary undertakings to meet wartime conditions only, but as permanent establishments in which were placed the living quarters of feudal lords and the seat of their government as well. It was for this reason that efforts were made to make them into structures of impressive magnitude and artistic effects.

※ディナーメニューと音楽プログラムの和訳

鎌倉丸　ディナー１９３９年７月２６日（水）

オードブル
シーフードカクテル
スモークサーモン　　りんごの詰め物メリーランド風
セロリとロックフォールチーズ　　きゅうり　　グリーンオリーブ

スープ
コンソメミネストローネ風　　ポタージュクレシー風

フィッシュ
ひらめの飾りきまぐれ風　パセリ風味のポテト添え

アントレー
冷製コルネハム　ホイップクリーム添え
子牛肉　オクラのリヨネーゼ風

ロースト
ローストサーロインビーフ西洋わさび添え
ロースト鶏とベーコン　ブレッドソース
フレンチビーンズのバター和え　　煮込み白菜デミグラスソース味
ポテト　：　ゆでたもの　　焼いたもの

コールドミート
ロースト羊肉　　スモーク牛タン　　ハムソーセージ

---

サラダ
ベトラーブ、トマト、きゅうり、ピーマン、コールスロー
ドレッシング
サウザンアイランド、フレンチ、マヨネーズ、ロレンツォ、シンガポール

スィーツ
栗のプディング　クリームソース添え
ポンヌフ風アイスクリーム、フィンガービスケット添え
いろいろなケーキ

デビルドアーモンド
チーズ、クラッカー、
りんご、桃、サンキストオレンジ
ナッツ類、マスカテル、チャウチャウ、乾燥ライチ、フレンチプルーン

コーヒー

演奏プログラム
（夕食）

| | |
|---|---|
| 1．乙女たちのデビュー | ジュールス　レナルド |
| 2．歓迎序曲 | F.マール |
| 3．波涛をこえて | J.ローサス |
| 4．あこがれ | J.S.ザミックニック |
| 5．芳しきジャスミン | テオ・ベンディックス |

N.佐藤　－　リーダー

鎌倉丸オーケストラ演奏

1939年7月26日水曜日

# 郵便物

一連の郵便物に戻ると、乗船した「鎌倉丸」の写真を使った七月二十七日付の第一報に続いて、七月三十、三十一日には旅客船内の様子を描いた絵はがきと、ハワイの海岸や街路樹の写真はがきなど、合計四枚を連続して送っている。はがきの余白には必ず万年筆で文章を書き添えている。

船内のロビーで椅子に腰かけてカードで遊ぶ人たちの絵はがき（七月三十日）。

「船ではお客の怠（退）屈がるのは禁物で色々の催し物があり、ひまの時は絵の様にブリッジをプレーして暇《ひま》をつぶし、晩にはダンスパーティやムービー（映画）が各夜毎にある……」

船内の舞台で和服の歌手がピアノ伴奏を背にして歌い、それを囲んで船客たちが椅子に座って聞いている絵はがき（同日）。

「別の封筒で毎日の船中の Breakfast launch Dinner ——三度の食事の menu《メニュー》と music《ミュージック》 Program《プログラム》を二、三枚……参考迄《まで》に送封しました。……信子も……料理が出来るか……知れませんよ」

ハワイのワイキキの海で若者たちがサーフィンで遊んでいる写真（七月三十一日）。

「今晩東経百八十度を越し、明日も再び七月三十一日という二日続きであるから自然自分等の命が一日だけ延長せられた事になる。今夕はデッキでスキ焼き会があり、明晩は船員の演芸会が催される。ホノルルには八月三日早朝着の予定」

巨大なシュロが両側に列ぶホノルルの街路樹の写真（同日）。

「……米人等は住宅の玄関先の入口にはこの様な Royal Palms を植へ……　実に堂々としたドライブウェイ（自動車道路）を作っていました」

道面を乗せた鎌倉丸は八月九日、予定通り米西海岸のサンフランシスコ港に到着した。そこで下船してサンフランシスコに六日間ほど滞在し、二通のはがきを書き送っている。

当時、話題を呼びながら開催していたサンフランシスコ博覧会場（トレーザーアイランド）の全景写真の裏には次のような文面がある（八月十日）。

「八月九日五時に入港、八時前に荷物の検査を了（終）……輸入税も取られ八時半頃には Palace Hotel（パレスホテル）に落ち着き風呂に入って、ホテルの連中に〝Haw do you do!〞と挨拶して回り、久し振りなのでよろこんで呉れた。明日は郵船（日本郵船）支店長にゴルフに招かれ……まかす積りです」

その続きとして、宿泊したパレスホテルの外観と内部のレストランを合わせた写真はがき（八月十二日)。

「ゴルフを久し振りにやって実に良い気持ちであった。スコアも頗《すこぶ》る良好で桑港（サンフランシスコ）の連中をマカシ（負かし）てやった。コースはスタンフォード大学のプライベイトのもので実に手入れも宜しく、さ程暑くもなく本統（当）によきお天気に恵まれました」

予告通りにゴルフで勝利したこともあり、極めて上機嫌。全身で踊るかのような軽く柔らかい筆跡で書いている。

ロサンゼルスからキングス・トロピカル・インの全景を描いた絵はがき（八月十五日)。

「昨日は一日中サンフランシスコで博覧会を見物し、夕方に同地を立ち本朝九時にBILTMORE HOTEL（ビルトモアホテル）に落ち着いた。一、三米国銀行を訪問して例の日米通商条約廃棄につき、銀行家としての意見を探り、夕刻にはこのキングス・トロピカル・インでチキンディナーを済ませ、今ホテルに返り……」

一九三九年七月に米国が日本に日米通商航海条約の破棄を通告したことを受けて行動している。

さらに加筆する形で、印刷されたKING'S TROPICAL INNの文字に沿って横書きで小さく「私の大スキナ所で何時もこの所に来る」と書いている。

同じロスからHOLLYWOOD BOWLの野外劇場の全景写真はがき（八月十六日)。

「例の世界的に有名なホリウッドボールに昨十五日夕。生まれはこのカルフォルニアで米国唯一のバリトン（歌手の）ローレンス・チビットの演奏会を見た。OPERA 物でセビル（セビリア）の理髪師その他数々。実に盛会で集まるもの三万人ともいわれ……両人にも見せたかった」

ロサンゼルスから車で北上し、サンタバーバラから二枚の絵はがきを投函した。それぞれ簡単な文章を沿えている。

ドライブで立ち寄った別荘近くにある大きな木としゃれた白い建物の絵はがき（八月十八日）。

「今朝九時にホテルを立（発）ち海岸線を北方に百哩 Drive（ドライブ）してこの有名な別荘地に来た。昼飯を済ませ……ここから更に七十哩北上して今夕迄にはホテルに返るつもり」

海岸線に立ち並ぶ石油発掘用の鉄骨やぐらの絵はがき（同日）。

「……海中に OIL WELLS（油井）のデレック（DERRICK ＝やぐら）が沢山立ってました。日本では石炭を海底から採掘し、アメリカは OIL（石油）である……」

ロサンゼルスに戻ってから、常宿のビルトモアホテルの便せんを使って初めて小型封書による便りを出した（八月二十三日）。

「今日紐育（ニューヨーク）から飛行便で君達の手紙を転送してもらい、なつかしく幾度となく繰り返し拝見した。御両人共至極元気な様子何よりの事と存じます」

「桑港（サンフランシスコ）では上陸するなりゴルフに引張られたので当地では仕事を済ませて（から）……にする事にした。……郵船（日本郵船）、正金（横浜正金銀行）の連中が待ってました。先週は郵船の連中とやって勝目なく、その内に上記の連中ともやる事になっています」

「晩には拙者の大好きなスエーデン料理に行き……五十種類もあるオードブルを勝手に皿に山もりに取ってイクラ食べても宜（よろ）し。その他にスープやチキンディナー、デザート、コーヒーで僅（わず）か壱弗七拾仙（一ドル七十セント）である。実に素敵なDINNERでした。両人に食べさせたい……（が）八千哩（マイル）も離れては何とも出来ないのが残念、父より」


一九三九年の八月下旬になってから、ヨーロッパでの戦争勃発の危機を反映して、郵便物の文面は次第に戦時色が強い内容に変わってきた。

その走りはビバリーヒルズ（Beverly Hills）のレストランTHE VICTOR HUGO RESTAURANTの美しいテーブルが並ぶ絵はがき（八月二十六日）。

「昨夜当地（の）郵船支店長に招かれ、このレストランで食事した。映画の俳優等は愉快そうに朗《ほが》（ら）かに舞踏しては食事しているその時に、倫敦（ロンドン）、巴里（パリ）、伯林（ベルリン）、羅馬（ローマ）では今や世界的大戦が焦眉《しょうび》の間に迫まり……進軍喇叭（ラッパ）も何だか耳に聞えてくるようであるが、アメリカではこれ式に呑（のん）気である」

その続きとして翌日に、ロサンゼルス市街の空中写真のはがきを使って初めて全文が英語の文章を書き送った（八月二十七日）。

「私はヨーロッパ危機のため、まだロサンゼルスに居て、すべての交渉を先に延ばしています。ドイツがソビエト・ロシアと〝独ソ不可侵条約〟を締結したという報道にとてもショックを受けています。戦争が始まるかも知れません」

ヨーロッパを発火点とした第二次世界大戦の開始を予測している。誰でも見ることのできる絵はがきを利用しながら、戦争に直接言及し、文章全体を英語にした理由は不明である。

九月に入ってからは、ロサンゼルスを離れてニューヨークに向かう途中に立ち寄った地域から絵はがきを送り、いずれも簡単な文章を付けている。

ロサンゼルスのモナリザ（MONA LISA）レストランのテーブルが並ぶ室内写真（九月六日）。

「……三週間もこの地に居て全くお尻に根が生へたよー。……しかし……仕事が出来た……ニューヨークに直行する。欧州戦乱勃発のため色々 Plan（計画）を変更しました。昨夕、友人とここのフランス料理で会食した」

一変して、山あいにあって白い花を豊かに咲かせて立つ大きな木（SPANISH BAYONET）の絵はがき（同日）。

「アメリカの砂漠の中にも実に美しい花が咲いておりました。ロサンゼルスを今朝十一時半に出発した列車が午後三時半にこの砂漠の村に着いた。……大雨はこの先の鉄道線路を九哩もWASH（水浸し）……十時間位この所に立往じよー（生）……大陸的な天気である」

アリゾナ州のグランドキャニオン国立公園の谷間に流れるコロラド川を眼下に挑む絵はがき（九月八日）。

「一昨日は砂漠の真中から前進出来て遂に一千哩……北上、Salt Lake City（ソートレイクシティ）を通過、……二十四時間遅れて列車は明日午後一時にシカゴ、それから紐育（ニューヨーク）に直行する」

ここまでがニューヨークに到着するまでの経過報告を兼ねた郵便物の内容で、全体の前半の部分である。

以後はニューヨークでの要件を消化しながら、諸情勢を探る仕事の核心部分になるが、欧州を中心に世界の戦局が厳しくなるにつれ、郵便物の内容も欧米の状況や日本大使館での会合や出来事など、次第に戦時色の強いものが増加してきた。以下は後半の部分である。

大雨による被害のため、予定よりも遅れてニューヨークに着いてからの第一報は、A社事務所が入居している公園通りのNYセントラルビルを縦《たて》いっぱいに写した裏面に次のように誇らしげに書いている（九月十四日）。

「当方の支店はこのニューヨーク一流の Park Ave（nue）に面した New York Central Bldg. の中にあり、最も Fashionable の中心で Ave.（大通り）の両側には何れも Apartment 又は一流 Hotel のみにて、道を歩く人も所謂（いわゆる）紳士淑女のみで街の美しい事は巴里（パリ）にも倫敦（ロンドン）でも見る事が出来ぬ場所です」

続いて同じNYセントラルビルを上空斜めから撮った写真の裏に、ヨーロッパの戦局を反映した厳しい内容を伝えている（九月十五日）。

「明日は靖国丸が倫敦（ロンドン）から、日本人の欧州各国から引き上（げ）る避難民を二百五十名程乗せ紐育（ニューヨーク）に入港するそうですが、何れも米国入国の旅券なき為め港外から紐育の空を眺める程度で誠にお気の毒です。この写真のビルに……毎日出入りしています。陽気が良くゴルフを初（始）める積りです」

十日ほど間を置いた後、ニューヨークのシンボルでもあるエンパイア・ステートビルの縦長写真のはがき（九月二十四日）。

「度々お手紙有難く拝見、（そちらの）現地の模様（が）手に取るように伺（うかが）はれ、年がいもなく繰り返へし、夜はBedの中でも……そちらや東京からの手紙は読み明かし唯一の楽しみです。とても忙しく活動し……今日の如く国際情勢が刻々変化していては仲々……活動出来得ぬ……。御両人の御健康を祈ります」

次の二通はいずれも、ニューヨークのパークアベニュ（公園通り）50にあるウォルドルフ・アストリア（Waldorf-Astoria）の写真に、米国経済についての軽いコメントを記載している。

縦長の全景写真（九月二十五日）。

「このホテルが紐育一即《いち》（すなわ）ちアメリカ一で世界一だとアメリカ人が云（言）ひたがるホテルです。（自分の）Officeから約三ブロックと極（ごく）近く、時々食事に行きますが（値段が）高い事も紐育一でした。ホテルで働いている使用人二千五百人……経営が……毎年赤字だそうです」

同じホテル内にある男性だけの専用バー（The Waldorf Bar for Men）の写真（九月二十六日）。

「これはウォルドーフホテルの男性だけの行く酒場。一杯のレモネードが米貨七拾五仙《セント》、日米為替の（百円当たり）二十三$《ドル》五十仙で換算すると実に三円十九銭。レモネードと（とても）云えませんね」

当時の日米の円とドルの交換レートは、一円＝〇・二三五ドル、一ドル＝四・二五五円だったことがわかる。

現時点の感覚で言えば、専用バーのレモネードは一杯約三千円というところだろうか。いずれにせよこの二通の内容から、最高級ホテルの面目をかけた姿勢と、それを冷静に見ながら批判している道面の視点の確かさがうかがえる。

九月最後の便りは、今回の渡米では二度目の小型封書によるもの。厚手の用紙一枚に、ヨーロッパでの危機的な情勢や日本にとって重要なカリ肥料の原料入手問題などをぎっしりと書き込んでいる（九月二十九日）。

「……今日ヒトラーはソ連と強化せる軍事同盟を以（もっ）て、英仏連合側に脅《きょう》（恐）喝《かつ》的平和を提出し即ち War or Peace（戦争か平和か）……前代未聞の戦術で英仏を圧迫せんとする……英仏側が屈服する訳けもなく、この戦争は続くものとして仕事も……計画……。明年度日本の加里肥料が問題、これには如何（いか）にして加里資源を求めるか目下小生の案を当局に提出……物によると在紐（育）期間も……長引くものと存じ……。健一殿　父より」

十月になってからもヨーロッパ情勢についての記述が続き、それに米国の出方についての観測が加わる。コモドールホテルの全景写真の裏側に細かい文字が並ぶ（十月九日）。

「……数日前ヒトラーが……平和か戦争かを脅かし文句で英仏側に自分の平和条件として提出した事は御承知の通りです。英仏側も戦争をしたくない事は明白の事（だが）……まさかヒトラーの Dictate（指令）した平和に伏する訳けもこれあるまじく、問題はアメリカが仲裁を買って出るか否かに有り……。

（米国）ルーズベルト（大統領）……議論……あるよーに思はれ……成功するかどーかが疑問にてアメリカも……見送るものと観察……出来……」

急いで書きなぐっているため、部分的に読みとれない箇所が点在している。

一九三九年九月にドイツがポーランドに侵入、英仏がドイツに宣戦布告して第二次世界大戦が開始された。初めはヨーロッパが戦争の舞台だったが、やがてアジアや太平洋地域に戦場が拡大した。

道面が九月に送ったはがきや手紙類は、こうした劇的な情勢を背景に書かれている。本人の驚きや心配の大きさが、文面の乱れなどからもうかがえる。

一連の郵便物の中で最も長文で、当時の緊迫した日米関係や世界情勢を考え合わせるとかなり機密性の高い内容を含んでいるのは、コモドールホテルの便せん二枚を使った小型封書である（十月二十七日）。

ワシントンの日本大使館を舞台にした非常に珍しい場面や貴重な記述が残されている。

「本日は三本の手紙有難く拝見……多忙の中でも幾度となく繰り返し拝見致し……ご両人共頗《すこぶ》る元気に仲よくお過しの様子この上もなき満足……幸い私も至極《しごく》元気に毎日を……。

先週は数日ワシントンに出張し米国政府と加里問題に就《つ》き折衝……堀内大使にもお目にかかり、一夜大使館会で日本実業界の大立物（者）藤原銀次郎氏と北代議士その他同盟通信社員、読売特派員等々拾（十）数名と一所《いっしょ》に招かれ、時事問題（で）一夜面白く過し……。

小生は滑稽《こっけい》な事には……一米国貴婦人に日本大使と間違ひられ I am so glad to meet you, Ambassador（お目にかかれて大変嬉しいです、大使）と手を出され、僕はアンバセドァーではない、実はその大使にお会ひする為め今この所に来た所だと申しても、アメリカ婦人は自分の云ふ（言う）事を先に云ふので少々面喰《くら》（う）……」――以上が一枚目。

「又宴会の席で大使が中央に、その右が藤原氏左が小生で、小生の向い側に北代議士その右が森島参事官と云う席で、話は小生と北代議士の間に欧米時事問題で花が咲き、食後大食堂より次の大広間に入る時に藤原氏から極慇懃《ごくいんぎん》に御禮（礼）を小生に述べられ、次の広間でも小生に耳うちして秘密に……石油の事でメキシコに出張するから宜しく頼むとの言葉に、人（ひと）間違ひしておられる事がわかり、実は小生を海軍駐在武官と間違はれたる事……全く思ひかけない滑稽な話しと云える。

来週即ち十一月一日頃この地を引上げ PITTSBURGH（ピッツバーグ）、DETROIT（デトロイト）、CHICAGO（シカゴ）に至急の用件ある為め、カナダ行きを中止し、シカゴより再びロサンゼルスに向ふ……船は今のところ十二月十五日桑港（サンフランシスコ）発の鎌倉丸を予約致し……これは何時変更するかも知れ……。

帰朝の時期も日に〳〵近く……楽（し）みに……右取り不敢（あえず）近況報告迄（まで）」

――以上が二枚目である。

大使館内での宴席で、道面は豊富な情報を持っている重要人物として認識され、周囲から一目置《いちもく》かれていた様子が読みとれる。その一方で他の日本人関係者の多くは手持ちの重要情報に乏しく、相互の連携も出来ていないなどの〝お粗末さ〟が浮き彫りになっている。

手紙の中で道面は「滑稽なこと」との言葉を使って笑い話にしているが、重大な時局にもかかわらず全く頼りにならない日本側の要人たちの現状を憂《うれ》いながらこの文面を書いたに違いない。

またこの手紙の最後の部分で、今回の渡米目的を終えて日本に向かう帰国の日程を初めて具体的に伝えている。乗船するのは偶然にも、米国に来たときと同じ鎌倉丸である。

ニューヨーク発の次の便りも小型封書で、厚手の用紙一枚の表と裏に小さい文字がびっしりと詰まっている（十月二十八日）。

「……今日は土曜日で午後三時頃まで会社に一人で居残り本社に手紙をまとめ、これから買物に出かけるつもり。

昨夜は The Street of Paris と云う Musical Comedy を見た。おなかをかかへて笑った。超アメリカ式の喜劇で実に面白かった。

明日にはU・S・加里会社社長と、同氏の Club で Golf をする。小生が勝つ事は今から申上る事の出来る……。

十月三十一日に……紐育を Good-by して途中 PITTSBURGH DETROIT CHICAGO を経て羅府（ロサンゼルス）には十一月十日頃に到着する予定である」――以上が表の面。

「ロスには約三週間滞在。その間（ある米国企業の……）社長に招かれ Death Valley（死の谷）で有名な冬の遊覧地に出かける積り。同地は加州（カリフォルニア）とアリゾナの境にある海底……二百呎（フィート）から三百呎？低い土地で名前も死の渓（谷）と云う訳であるが、今日では遊覧地（として）よりアメリカの National Park（国立公園）である。

同地は上記の会社（が）雄大なるホテルを経営しており、一昨年十一月に招かれた時には折悪く行けなかった。併し今回は是非一所（諸）に行くつもり。羅府より二百五十哩（マイル）自動車を走らす。二、三の有名な女優も一所に行くらしく途中面白い事と思はれる。

但《ただ》しこれはロスに着いての上である。……紐育にて　父より」――以上が裏面。


ニューヨークを後にして帰国の途中、ピッツバーグ、デトロイト、シカゴに立ち寄り、そこから三通の絵はがきを投函している。

ピッツバーグからは同地の「自由なトンネル」（LIBERTY TUNNELS）の絵はがき（十一月一日）。

「今朝この地に着く速々（早々）、有名なメロン大学を訪問しました。この大学は化学界でも研究活動を指導する。新苗……は多くこの大学から生（ま）れ出る……何時もアメリカに来るとこの大学に立ち寄る訳《わ》けである」

シカゴからは、宿泊したパルマーホテル（THE PALMER HOUSE）全景の絵はがき（十一月五日）。

「DETROIT から昨夕 CHICAGO に着いた。このホテルに宿し……市のまん中にあるので大変便利である。当地には三日滞在、それから両（車両＝鉄道）で羅府（ロサンゼルス）に……返るつもり」

同じシカゴ発の、同ホテルの広いダイニングルーム（EMPIRE ROOM）の絵はがき（同日付）では内容ががらりと変わり、世界大戦が避けられない、との緊迫した状況を伝えている。

「アメリカ Embargo 法（中立を守るため交戦国への武器輸出の禁止などを定めた輸出禁止法）……廃止が両院を通過し、大統領の Sign も了（終わ）り、これから戦闘機（などの）武器が大量に英仏に輸出せられ、アメリカが欧州戦争に巻き込まれ（る）Chance が多くなった訳け。結極（局）アメリカも参戦した方が良いかも知れん。併しそれ迄には二年位いはかかる……思ふ……」

これまでヨーロッパでの戦争をあくまで静観し続け、自国からの武器輸出を禁止する法律を堅持してきた米国が、いよいよその〝中立〟の方針を変えて、ヨーロッパ戦線への参加につながる重大な決定をしたホットな情報を生々しく書いている。全体に走り書きで、文字も乱れている。

何よりも驚かされるのはこの時点で、米国の欧州戦争への参戦＝第二次世界大戦の本格化の時機を二年後とはっきり予測していることである。そして実際に米国が参戦に踏み切ったのは、一九四一年十二月八日（日本時間）の日本軍によるハワイ真珠湾攻撃が契機で、結果的に道面の読みはピタリと的中している。

本人がいない今となってはその解明は不可能なのだが、一九三九年十一月のあの時点・状況のもとで道面が「米国の参戦まで二年位かかる」と言い当てた根拠・判断材料は何だったのか、謎を残したままである。

帰国のためようやく米国西海岸のロサンゼルスに着いてから、百インチの望遠鏡で見た月の表面の写真の裏に帰国の具体的な予定を書いている（十二月十五日）。

「……来る（十二月）十八日に羅府より鎌倉丸に便乗、桑港に寄港せねば一路横浜に向ふ訳けで一日一日と恋しき日本に近くなるばかり。一日静養の目的でウィルソン山々頂にある天文台を訪れ、百インチのテレスコープで写したと云う月の写真を御送りしました」

続いてロサンゼルスから美しいクリスマスカードを送っている（十二月十八日）。表紙は大きな花かごの中に赤い花や青や黄色の玉が飾られ、頂上に赤いリボンが結ばれた派手な仕立て。中面は左に赤い花がシンプルにあり、右には印刷された定版の英語のクリスマス文章が並び、その下に道面自身のサインと日付（Dec. 18th 1939）が加筆してある。

そして次の小型封書が、米国からの最後の郵便物になった。一連の米国便りのラストで、ロサンゼルスのビルトモアホテルの全景写真が上部に印刷された便せん一枚に全部英文で書かれている（十二月十九日）。

「親愛なる子供たちへ。

ロサンゼルス港から出発する前に、あなたが興味を示すかも知れない何枚かのスナップ写真を送ります。そしてこれはアメリカから送る、あなたの手紙へのお返事の最後の手紙になることでしょう。

二週間の旅は完全な休息として楽しむことができそうです。もうすぐ会えることをとても楽しみにしています。

愛を込めて、みんなのパパより」

冒頭に自筆で「Dec. 19th 1939」の日付を入れている。

日本郵船の当時の配船（運航）表によれば、鎌倉丸は一九三九年十二月十八日に予定通りロサンゼルス港で道面を乗せて出港、途中サンフランシスコ、ホノルルに寄った後、洋上で年を越して翌一九四〇年一月五日に横浜港に到着した。こうして約五カ月強に渡る最後の米国旅行は終わった。

郵便物に書いているように、道面が米国に滞在中の一九三九年七月に米国は日本に日米通商航海条約の破棄を通告し、日米関係は悪化する兆《きざ》しを見せていた。その一年半後には日米関係は一段と悪化し、ついに米国で活動している日本人および日本企業にとって決定的な事態がやってきた。

一九四一年七月に米国は、在米日本資産の凍結という強硬手段に出たのだ。これにより日本から米国向けの輸出は不可能になり、日本企業による米国での営業活動は全面的にストップ、米国からの撤退を余儀なくされた。この資産凍結は日系二、三世を含む個人にも及び、やがて日系人の強制収容へと進んで行く。

続いて同年八月には米国は、日本向けの石油の輸出をストップする対日石油全面禁輸の強硬な措置を実行、日米開戦が現実に迫ってきた。

そこで米国のA社出先は手持ちの在庫品を急いで整理し、売上金を回収した後に、一九四一年十一月にニューヨーク出張所とロサンゼルス事務所を閉鎖した。

その直後の十二月八日、日本軍によるハワイ真珠湾攻撃を端に太平洋戦争が始まり、日米は敵対国になった。以後、両国間の民間交流、取り引き等は戦後まで途絶した。道面が米国を離れ、最終的に帰国してから二年足らず後のことだった。

## 帰国――道面の心境、ペラームとの惜別

戦前最後の米国旅行の際に書き送った一連の郵便物ではわからない部分――最終的に米国を離れるにあたっての道面の心境について少し触れておきたい。

道面は生まれこそ日本だが、多情多感な大学時代や初めての就職・社会生活、それに玉子との結婚・家庭生活を送ったのは米国、とりわけニューヨークが中心だった。米国での在住年数はかれこれ三十年強になる。

いまでは日本語で話すよりも英語の方がスムーズなくらいで、合理的な物の考え方を含めて周囲から〝生粋《きっすい》のアメリカ人〟と言われても何ら違和感がないほどである。

あろうことか、その米国と日本とが敵対関係になり、二者択一を迫るような不条理が起きようとは……道面は当初、自分の身を二つに引き裂かれる思いだった。

だが冷静になってから考えた結論は、自分はあくまでも日本人として立脚するということと、「たとえこのまま日米戦争に突入しても、必ず終わる時がくる」「そうなればまた、太平洋を挟《はさ》んで日米間の交流が再開する」というものだった。

道面はこうした確信を強めるにつれ、心に平静さを取り戻した。そして「日米間に平和が訪れたら、必ず米国に一番乗りしよう」と深く胸に誓った。ニューヨークやシカゴで出会い、親しく交流

した米国の多くの企業人や財界の友人たちとの再会もきっと実現できる、と秘かに思った。

　こう自分に言い聞かせながら日本への最終的な帰国準備を進めた道面だが、長年住んでいたニューヨーク郊外のハイブロック通りペラーム（Pelham）の一戸建ての自宅を売り払い、人手に渡すときだけはいつになく感情が高まり、涙をこらえ切れなかった。

　ペラームはニューヨーク中心地（マンハッタン）の北東方面に位置し、中心地から車で約四十分、グランド・セントラル駅から鉄道列車で約一時間の距離にある静かな高級住宅地域である。

　道面は米国の大学を卒業し就職して以来、ニュージャージー州サミット市内の一戸建て住宅や、ニューヨーク市内のマンションなどに一時期住んでいたことはあるが、結婚後に妻玉子と一緒に最も長い期間過したのはこのペラームの自宅だった。

　洒落《しゃれ》た二階建ての住居の四方には庭作りや植栽《しょくさい》が楽しめる敷地がたっぷりとある。玄関前の幅の広い道路の両側には、大きな木が整然と並び、豊かな葉を繁茂させている。これらが周囲の個性的な邸宅と調和し、豊かな住空間を生み出している。

　道面にとっては、このペラームの家こそは自分が米国ニューヨークで仕事をして成功した物的な証明《あかし》でもあったのだ。玉子もこの家をこよなく愛し、多くの友人や知人たちを自宅に招いてパーティや食事会を開き、米国ライフを楽しんだ。この家こそは二人にとって、想い出がぎっしり詰まった宝石箱でもあった。

　それだけにペラームの自宅を手放して他人に渡す瞬間は、何とも辛く悲しかった。道面はどちらかと言えばモノにはあまりこだわらない性格だが、この時だけは珍しく胸中の奥に未練が残った。

帰国の時期が見えてきた一九三九年十月末の時点で道面の脳裏には、すでに人手に渡ってはいるがペラームの元自宅をもう一度見ておこうか、との思いがよぎった。これが見納めになるかも知れない、とも考えた。

だが結局は、ペラームには寄らずに日本に帰ってきた。ペラーム行きを思いとどめたのは、「見ると自分がより辛くなるに違いない」との感触だった。それほどペラームの存在は大きくて重いものだったといえる。

## 日本―米国間の往来、『鎌倉丸』その後の運命

当時、太平洋を隔てた日本と米国との間の船舶による往来ルートを、一般に「サンフランシスコ航路」と呼んでいた。これを運航していた日本郵船の客船の状況と、とりわけ道面との縁が深かった「鎌倉丸」のその後の運命については、日本郵船歴史博物館に次のような資料が残されている。

一九二九、三〇（昭和四、五）年にかけて大型客船の「浅間丸」「秩父丸」「龍田丸」が相次いで建造され、すぐに米国向けの処女航海を始めた。これに「大洋丸」を加えた四客船が一九二九―四一（同四―十六）年の十二年余の間、サンフランシスコ航路を運航していた。

新しく建造された「浅間丸」「秩父丸」「龍田丸」の三船は航海開始の時期もほぼ同じだったことから「三姉妹」と呼ばれたり、いずれも広い太平洋上を美しく気高く航海する姿を想像して「太平洋の女王」とも称された。

三船とも最新鋭の設備と万全のサービスを誇り、先進の欧米の客船に少しも見劣りしなかった。具体的にはエントランスホール、読書室、ギャラリー、ベランダ、食堂などの主な公室には英国式あるいはフランス式の古典式や近代様式の優れた部分を惜しみなく採用した。

船内の換気、暖房、通信、衛生、医療、格納などの諸設備も最新式で、美容室、郵便局、無線電話局、為替や送金などの銀行業務、商品展示や即売などの百貨店機能も備えた。

船客の娯楽用にバンドマンを乗り組ませたほか、映写室、水泳場、カードルーム、体操場、児童遊戯室、日本座敷などを施設した。社交室には演劇、コンサート、講演会、映画会、舞踏会などを開催できる設備を整えた。

先進の欧米諸国を強く意識して、当時の日本が持てる最先端の知識や技術を総動員しながら豪華客船を建造し、これ見よがしに世界に送り込んだ姿がうかがえる。

「鎌倉丸」は当初、「秩父丸」の名称で一九三〇（昭和五）年三月十日に新造した旅客船で総トン数一万七千五百二十六トン、全長百七十・六九メートル、ディーゼルエンジン二基で一万五千五百馬力、速力十八ノット。当時としてはかなりの大型客船だった。

一九三九（同十四）年一月十四日に船名を「秩父丸」から「鎌倉丸」に変更した、とあるから、道面は改名後から間もなくの「鎌倉丸」に乗って戦前最後の日米間往復を果したことになる。

記録によると、その後の「鎌倉丸」は度重なる航海を続けていたが、日米開戦が始まって一年四カ月ほど経過した一九四三（同十八）年四月二十八日午前二時十分頃にフィリピンのマニラからバリクパパンに向け航海中、パナイ島ナソ岬の西方約五マイルの地点で米国の潜水艦ガジョン（Gudgeon）の魚雷攻撃を受けて沈没した。

搭載物件として便乗者二千五百人、車輛その他とある。当時の多くの貨物船や客船と同様に、戦時体制下で「鎌倉丸」も日本海軍の傭《よう》船になっていたのである。道面が米国から最終的に帰国するために同船に乗ってから、約三年後のことだった。

「鎌倉丸」は「秩父丸」の時代を含め、道面夫妻が日米間を往復する際に度々乗船したなじみのある客船だった。しかも、道面が戦前最後の訪米の際に乗船したのは、往復とも偶然にもその「鎌倉丸」だった。

その際、道面としては珍しく持ち帰った「鎌倉丸」の乗客用のパンフレットには、豪華な夕食メニューや楽しげな音楽プログラムなど、平和な時期の内容がいっぱい詰まっている。

幸せな思い出が満載された、道面とは縁が深かった「鎌倉丸」だったが、現実には終戦を待たずに戦渦に巻き込まれ、船自体は非情にも過酷な運命をたどったのである。

# 第二章

# 戦前・戦中・戦後の苦戦

## ＭＳＧ生産中止、戦時下の現状

道面が帰国して母国で見たものは、戦時経済統制下に置かれた多くの日本企業の異様な状況だった。すべてが軍需優先となり、民間会社は有無を言わさず政府・軍部の方針に従わざるを得なかった。もちろんＡ社も例外ではない。

日本が本格的に戦時体制、経済統制へと進んだのは、一九三七（昭和十二）年七月の日華事変勃発が大きな契機で、同年十月には経済統制を中心的に所轄する企画院が発足した。統制の対象は人的資源、物的資源、資金、事業活動などの広範囲に及んだ。

一九三八（同十三）年四月には「国家総動員法」が公布され、人的資源や物的資源を統制する権限を政府が持つことになった。必要のあるときは勅令や省令によって物資、生産、資本、金融、経理、労務、物価など経済の各分野を統制し、軍需品を中心とする生産増強を遂行できる体制を整えたのである。

これによりＡ社は、大きな打撃を受けることになった。看板商品の新しい調味料ＭＳＧは、軍需生産や食糧増産に直接寄与しないとの理由で、原料の小麦や大豆、燃料の石炭、製造材料の塩酸などの割り当てが削減されたのである。

ＭＳＧの原料として最適な米国産の硬質小麦（たん白質含有量の多い小麦）粉の輸入は一九三七年秋から制限され始めた。政府に輸入小麦粉の割り当てを申請しても許可がおりなかった。そこで小麦粉の不足を補うために、当時まだ比較的に入手しやすかった満州からの大豆の輸入増加を図った。だがこれも政府が食糧増産をねらいに、一九三九年に肥料を製造するための豆かす増産政策を打ち出したことにより、ＭＳＧ用の原料大豆は入手難となった。

さらに一九四〇年には「小麦粉等配給統制規則」「大豆および大豆油等配給統制規則」により、中央の配給機関から一元的に原料を調達することになった。翌一九四一年には小麦粉、大豆とも切符配給制度に移行し、原料の入手は一段と困難になったのである。

石炭は一九三八年の後半から全国的に不足状態に陥ったため、同年に「石炭配給統制規則」を、翌一九三九年に「石炭販売取締規則」を、さらに一九四〇年には「石炭配給調整規則」を公布・施行され、各企業とも生産工場を動かすための燃料用石炭の手当ては一層深刻さを増した。

製造材料の塩酸についても軍需優先の方針によって、石炭と同様に入手が困難になった。このためＡ社のＭＳＧ生産量は一九三七年度の三千七百五十トンをピークに、以後は次第に減少していった。一九四〇年度は二千トン台に、一九四二年度はついに一千トン台までになった。一九四三年九月には脱脂大豆の、同年十二月には小麦粉の入荷が完全に止まり、一九四三年度のＭＳＧ生産量は約四百トンになった。翌一九四四年は原料の入荷が全くないまま、手持ちのわずかな仕掛品を製品にしただけで、約二十トンに終わった。こうして看板商品ＭＳＧは戦争の渦の中に埋没し、市場から完全に消えたのである。

## 三代鈴木三郎助 社長就任
### 一九四〇年（昭和十五）八月

道面自身とその周辺にも変化が起きた。米国から日本に帰って間もない一九四〇（昭和十五）年二月に道面はA社の取締役になった。いよいよ経営陣の一翼に加わったのだ。

同年八月三十一日には、二代目社長の鈴木忠治に代わり、三代鈴木三郎助がA社の三代目社長に就任した。

鈴木忠治は、初代社長二代鈴木三郎助の死去後、一九三一（同六）年四月二十日に社長に就任、それから約十年が経過していた。一九三二年には社名をそれまでの「㈱鈴木商店」から新しく「味の素本舗㈱鈴木商店」と改称、初めて商品・商標名を社名にも使用した。MSGが一般に普及され、売れ筋商品になるにつれ、いわゆる「味の素」と類似した商品名の調味料が市場に多く出回るようになった。社名に商品・商標名を入れたのは、これら類似品と差別化を図るねらいもあった。結果的にそれは成功だった。

鈴木忠治社長就任の約十年間、主力の新調味料MSGの生産・販売は順調に伸び続け、社業は国内および海外とも好調に推移した。

だが大きな節目となる今回は、中国を中心にしたアジア諸国および太平洋を隔てた大国の米国を相手にした戦時体制という、経営環境としてこれまでになく厳しい状況下に置かれている。年齢も満六十五歳になっていた。忠治は、この困難な状況を社長の若返りで乗り切ろうと決断した。

幸いにもA社初代社長の長男である三代鈴木三郎助は専務取締役として健在で、しかも営業、販売、宣伝分野を中心に若い頃から幾多の経験を積み重ね、人間的にも成長している。いざとなれば、年齢の近い道面豊信という信頼できる仲間がそばについている。二人でうまくやるだろう——。

こう考えて忠治は社長を辞任して相談役になった。経営の実権を満五十歳の三代鈴木三郎助に譲ったのである。

以後、三代鈴木三郎助は道面豊信との二人三脚で、戦中および戦後の難局を乗り切ることになる。

三代目社長のバトンを受け取った三代鈴木三郎助は、何とかして看板商品のMSGの生産を継続し強化しようと、政府に度々陳情を重ねた。だが戦時下の食糧確保や統制強化のため、MSG原料の入手は一段と困難になっていった。戦局の悪化や軍需優先の重点産業政策の加速化は、いわゆる平和産業の原材料入手難に拍車をかけ、企業活動そのものの存続を危うくしたのである。

MSGの生産が先細りになるにつれ、関連製品であるアミノ酸液、澱粉《でんぷん》、肥料などの生産も目に見えて減少した。一九四〇年七月には、MSGが生活必需品ではない〝ぜいたく品〟と分類され、MSGの減産が決定的なものになった。

ついには政府から非常時下の食糧増産政策の一環として、今後はMSGの生産を廃止し、アミノ酸しょう油や肥料の生産を主体にするよう勧告を受けた。

こうしてMSGの生産・販売をなりわい（生業）としてきたA社は一時期、戦時産業体制の中に完全に組み込まれ、食糧増産会社に変身した。

さらに政府や軍部は目的遂行をねらいに、社名変更を要求してきた。具体名として当初、政府や軍部は日本食料品工業などの社名を提示した。

これに対して三代鈴木三郎助社長は、A社の伝統と信用を保持していくには創業家の「鈴木」の名をどうしても残す必要がある、と考えた。譲れない一線だった。

結局、三郎助社長の主張を通し、一九四〇年十二月二十一日に社名をこれまでの「味の素本舗㈱鈴木商店」から新しく「鈴木食料工業㈱」に改称した。

社名変更時に三代三郎助社長が語った新経営方針についての発言内容として、次のように伝え残されている。

「食料工業を根幹となせる多角経営機構を整備し、多年の研究と経験とになれる技能並びに独自の設備能力を遺憾なく発揮し、さらに進んで国民生活に必要となる各種食料品製造の新分野にまい進、もって微力ながら食料奉公の誠《まこと》をつくし国策に沿わんことを期する次第であります」

全体としては時代の要請に応えて、各種食料品の生産に努める姿勢を見せている。だが発言内容をよく読むと、その際にあくまでもMSGの生産技術や設備を温存しながら活用し、機会があればMSGの生産を維持したい、との意向がうかがえる。MSGへの愛着の深さは創業家のトップとして当然の心情でもあった。

現実は時には無情なものである。三代三郎助社長のこうした熱い思いとは逆に、戦局の悪化とともに原料小麦粉、大豆などの入手がさらに困難になり、ＭＳＧの生産は完全に行き詰まった。戦局が進む中で陸軍省はA社に対し、ＭＳＧ関連製品や食料品の生産を中止して軍需品の製造に集中するよう指示した。同時にまたもや社名の変更を強く迫った。

戦時体制下での度重なる命令には逆らえず、一九四三（同十八）年五月に社名を「鈴木食料工業㈱」から、指示通り「大日本化学工業」に変更した。社名から創業家の名も、ＭＳＧや食料品を思わせる文字も、完全に消え去ったのだった。

ＭＳＧや食料品から軍需品への生産移行は、小麦粉や大豆などの諸原料の統制強化と不足が際立ってきた一九四二年から急速に進んだ。

例えば海軍省は同年七月、A社に航空機向けのハイオクタンガソリン製造用のブタノールや綿火薬製造用のアセトンの生産を打診してきた。ブタノールやアセトンは当時、さつま芋や砂糖を原料に発酵法で生産していた。

これはすでにA社が持つ関連技術を使えば、簡単に生産できた。後にブタノール、アセトンの代わりにアルコールを生産するよう計画変更を通達してきたが、これも簡単な技術の応用だけで済むのでいずれも引き受けた。

続いて同年十月には陸軍省からアルミニウム原料のアルミナの生産についての指示があった。この製法はアルカリ法と呼ばれ、原料ボーキサイトをアルカリで処理してアルミナをつくり、アルミナからアルミニウムを製造するものだった。すでに関連会社の昭和電工（鈴木忠治が社長）がその技術を持ち、アルミナ生産の副原料のカセイソーダをA社の川崎工場から供給できる利点があったので、これも引き受けた。

アルミナ生産については、その生産設備の設置に時間と費用がかかったことや原料ボーキサイトの入手難、さらには製法をアルカリ法から塩酸法に切り替えるなど、いろいろと難航を重ねた。

さらに一九四四年七月には海軍省からロケット用燃料の水化ヒドラジンの生産について指示された。これも必要な機械の納入が遅れたり、原料の入手が困難になって中途半端に終わった。

航空機用の潤滑油の生産もあった。これはパラフィンに塩素を作用させて潤滑油を製造するものだが、資材や原料の不足から行き詰まり、終戦までにごく少量が生産されるにとどまった。

一九四四年一月には軍需会社法（一九四三年十月公布）により、大日本化学工業は軍需会社に指定され、同法に基づいて三代三郎助は代表取締役社長を辞任し、生産責任者になった。

軍需品を生産する会社にするため、大日本化学工業の定款《ていかん》の営業目的として、これまでの調味料、食料品、澱粉、苛性ソーダ、塩酸、肥料、飼料などの製造・販売に、新しく「ブタノール、アセトンその他副産物」が追加された。さらに「軽金属」「油・油脂」などが加わり、調味料や食料品の会社から軍需品生産会社へと名実ともに転換したのである。

こうして大日本化学工業は、戦時体制下で全面的に軍需会社へと変身したが、その軍需品の生産自体は結果的にどれもこれも成果をあげることのないまま、終戦を迎えた。

その原因として、原材料や機械設備の不足、さらには徴兵による労働力不足、軍部による度重なる計画の変更などもあるが、何よりも一九四五年になってから激しさを増した米軍機による空襲が決定的な要因だった。

主力の川崎工場を例にあげると、一九四五年四月十五日に米国の爆撃機Ｂ29が数百機川崎地区に来襲し、川崎工場は二百数十発の焼夷《しょうい》弾を受けて工場設備の約四〇％が焼失した。秘密の地下設備にするなど、上空から見えにくい構造にしていたにもかかわらず、実際には重大な被害状況だった。

## 日米開戦　日本国内では……そして戦争終結へ
### 一九四一年―一九四五年

道面豊信は一九四三年五月の大日本化学工業への社名変更時に、取締役から常務取締役に昇進し業務部長になった。

それまでの外国相手の原料の輸入や製品の輸出を扱う「輸出入担当」から、国内での事業推進に専念する役職に変わった。戦争により諸外国との取引が完全に途絶えたためである。

道面は米国から日本に帰国した後、鈴木忠治、鈴木三郎助の二人の社長を下支えしながら、役員として与えられた仕事に懸命に取り組んだ。

だが帰国して以降、自分の目で見て体験した軍国日本の異常な様態《ようたい》は、道面の理解力の範囲をはるかに超えていた。

まず驚くのは国の無策振りについてである。道面が帰国してから短かい期間に二度も社名が変わった、というよりも政府・軍部の指示によって変えさせられた。

最初はそれまでの「味の素本舗㈱鈴木商店」から「鈴木食料工業㈱」へと変更した。戦時体制が強まる中で、軍隊を含め国民多くの食糧増産に直接役立つように期待されたのだ。

次いで太平洋戦争が始まり、戦局が厳しくなる中で「大日本化学工業」に改称した。食品・食糧の生産よりも、それらの生産設備を使って直接に軍事力の強化に結びつく各種の軍需品の生産へと強制的に切り替えたのである。A社に限らず、多くの企業が同様だった。

国の大方針として産業政策を方向付け、経済統制を強化することはある程度やむを得ないにしても、その実行計画に一貫性がなく、その時の政府・軍部の思いつきのままにくるくると計画内容が変わる。そのたびに民間企業は振り回される。これでは企業はたまらない。

それに予想をはるかに超える原料・資材類の不足である。何をやるにしても日本国中で原材料が絶対的に不足していた。計画を立てても、それを実現するための物資や手段が全く欠落していたのである。

立ち返ってみると、事情はともあれ、あの米国に戦争を仕かけたこと自体が無茶苦茶《むちゃくちゃ》だった、と道面は改めて思ったはずである。

米国で三十年以上の生活経験を持つ道面は米国の懐《ふところ》の大きさ、地力の強さを熟知していた。一見すると人種問題を抱えてバラバラのような米国民だが、いざという時には星条旗の下に一致団結するパワーを潜在的に持ち合わせている。

第一次世界大戦でその実力を一段と強め、軍事的にも経済的にも文字通り世界の大国となった。それを支える国土面積の広さと地下に埋蔵している各種の資源の豊富さは、世界有数の量と質を誇っている。

一九四一（昭和十六）年十二月八日（日本時間）に日本が米軍基地のハワイ・真珠湾を奇襲攻撃

して日米開戦となったが、これを冷静に振り返ると異様な構図が判明する。

当時の日本の輸入実績によると、日米開戦前年の一九四〇年には重要な軍需物質である鉄類、石油、機械・機器類の総輸入量のうち、その約七、八割を米国から輸入していた。もちろんそれ以前も同様で、重要物質の米国依存は極めて高かった。加えて重要食糧の小麦、大豆、とうもろこしについても米国が一大生産・輸出国だった。

極端に言えば、真珠湾攻撃の際に使った日本連合艦隊の艦船や飛行機をつくるための鉄鋼原料や、それを動かしたり飛ばすための燃料の石油・ガソリンなどの多くは、元をただせば米国からの輸入だった、ということになる。

その米国と戦争することになるとは、道面はどうしても理解できなかった。その結末は火を見るより明らかである。

道面は日本人を貫いて日本に帰属したが、実際に日米開戦が始まった瞬間に日本の敗戦を予測し、覚悟していたに違いない。

日米開戦に最後まで反対だったとされる山本五十六連合艦隊司令長官・元帥は、米国に約五年滞在し米国通だった。軍人になってから一九一九（大正八）年四月に米国ハーバード大学に語学留学したのを皮切りに、駐在員・語学将校として約二年間ボストンで、一九二六―二八年には駐米大使館の駐在武官としてワシントンでそれぞれ勤務している。

そのほか米国以外では英国、ドイツ、フランス、イタリアに視察出張し、一九三四年にはロンドンでの海軍軍縮会議予備交渉にも海軍側主席代表として出席した。米国はもちろん、世界の主要国の様相を直接見聞し、理解していたといえる。

山本五十六については数多くの文献や研究書が世に出ているが、それらによると日本海軍の命運を握る物資として山本は「石油」と「航空機」の二つを意識していたという。そこから結論として「米国のテキサスの油田とデトロイトの自動車工業を見ただけでも、日本の国力で米国相手の戦争も建艦競争もやり抜けるものではない」との言葉を残している。

立場こそ違うが、米国に滞在しその現状を熟知していた道面と山本の二人の見方は「米国をあなどるべからず」「米国相手の戦いに勝ち目はない」という点で一致していた。ともに米国の実力の何たるか、日本が置かれている立場の何たるかを正確に理解していたといえよう。

現実には日本軍の真珠湾攻撃により日米戦争が始まり、原材料や資源に乏しい日本は次第に劣勢に転じ、広島・長崎への原子爆弾投下を経て、ようやく一九四五（昭和二〇）年八月十五日に無条件降伏をして終戦を迎えた。

常識から判断して起こしてはならない戦争が実際に始まり、多くの人命を失い、日本全体が焦土化し、いわば最大限の犠牲と損失を出したのだが、どうして日本はこんな愚《おろ》かな道をたどったのか。

これまで多くの識者たちが指摘しているように、国家予算の約半分を軍事費に使いながら巨大な権力を握った政府・軍官僚たちが、冷静で科学的な判断を失ったまま、〝富国強兵〟〝神国日本〟などを旗印《はたじるし》に自分勝手に解釈し暴走した結果だった、といえる。

当然にも敗け戦となり、その代償は大きかった。だがそれはまた、新しい日本の、平和的企業活動の始まりとなった。A社でいえば、本来目指すべき企業経営の出発点の到来でもあった。

## 戦後のスタート――MSGの生産再開宣言
### 三代鈴木三郎助　一九四五年八月十五日

一九四五（昭和二〇）年八月十五日正午、終戦の詔勅《しょうちょく》を聞いた直後の三代鈴木三郎助の行動は、極めて素早《すばや》かった。その日のうちに東京・港区高輪の私邸で緊急役員会を開き、うま味調味料「MSG」の生産再開と、「味の素」社名の復活を提案した。続いて翌十六日の役員会では、①略奪などが行われないよう対応する、②軍需品の生産を停止し、MSGの生産を再開する、③情報を共有するため、役員は高輪に毎日必ず立ち寄るようにする――ことを伝えた。

三代鈴木三郎助としては、「先代が開発した誇るべき看板商品MSGを何としてでも早期に復活させ、それを軸に企業再建を図る必要がある。それが自分に課せられた当然の役割だ」と強く自覚していた。

戦時下では不本意ながらMSGの生産は中止し、社名も軍需会社にふさわしいように改称したが、三郎助はいずれも断腸の思いだったのだ。制約が解かれたいま、すぐに本来の姿に戻したい、とごく自然に思い立った。

当時の三郎助はMSGについて、次のような強い誇りと信念を持っていた。それを周囲や関係者に説明し、早期に実行しようとした。

その一つは、日本が独自に開発したMSGは、敗戦国日本に求められるであろう賠償物資として、また日本再建のための輸入代替物資として役立てるべきだ、という考えである。MSGは、リグレーのチューインガム、リプトンの紅茶、バンホーテンのココアなどの世界の代表的な食品に匹敵する日本独自の技術から生まれた製品である、との自信が裏付けになっていた。

また、MSGは人間が食生活の向上を願う限り国や民族の違いを超えた必需品なので、これを輸出して外貨を得ることは容易である、と説得した。

さらに、MSGの生産にあたる川崎工場は戦災を受けてはいたが、幸いにも製造に必要な諸設備の修復は比較的に簡単で、復旧資材と原料さえ補給できれば月産百トン程度の生産能力を短期間で実現できる、その結果としてMSGの輸出により年間二億円程度の外貨取得が見込める――と説いて回った。

簡略化して、MSGの当初生産目標を「月産百ト ン」とし、これを旗印に全社一丸となって取り組んだ。

だが実際には、そこへの道程《みちのり》は容易ではなかった。復旧に必要な資材や原料の不足は想像以上で、結果的には、目標のMSG月産百ト ンが実現できたのは終戦から約五年後の一九五〇（同二十五）年九月のことだった。

目標達成こそ当初予定より遅れたが、三代三郎助が終戦直後にいち早く創業家としてのカリスマ性とリーダーシップを示したことがその後の企業活動を方向付けたことは確かだ。

後になってから鈴木恭二（五代目社長、三代鈴木三郎助の娘婿《むすめむこ》）は「終戦になってすぐに（三代三郎助が）ＭＳＧをまたやるんだ、と明言したことで、みんなが奮い立ったわけですよ」と述懐している。

こうして終戦直後に、ＭＳＧの生産再開とそれを軸とする企業再建というA社の大方針はいち早く確認したが、現実問題としてはとりあえず、直面する日々の苦境を何とか乗り越えるために多種多様な仕事を見つけ出しながら食い繋ぐしかなかった。

## 終戦直後の状況——ゼロからの出発
### 臨時製品で食い繋ぐ

第二次世界大戦の爪痕《つめあと》は極めて大きく、米軍による空襲や艦砲射撃などによって日本は全体の「平和的国富」の約四分の一を失った。当時のA社、大日本化学工業が受けた被害も甚大だった。国の命令で軍需生産に転換していた川崎工場は二百数十発の焼夷弾《しょうい》を受け施設の約四〇％が消失した。横浜工場は空襲で冷却用海水パイプが大破し工場全体が麻痺状態だった。佐賀工場は原料倉庫が空爆され、約五百トンの原料用砂糖が焼失した。銚子工場は空襲で全焼し閉鎖された。

本社ビル、宝橋ビルなどがあった東京・宝町付近は、空襲により周辺は焼野原となり宝橋ビルも全焼したが、本社ビルだけは奇跡的に無傷に残った。だがこれも、一九四六年六月に占領軍の命令で接収され、「コンチネンタルホテル」として米軍の宿泊施設になった。

建設資材、原料、資金とも決定的に不足していては、本命商品のMSGの生産をすぐ始めることはできない。だからといって、会社を休業状態にしたり、従業員を遊ばせておくわけにはいかない。そこで当面は何とか食い繋ぎながら危機を切り抜けることにして、各種の副業を始めたのである。

そのためにまず、手持ちの原材料、資材、機器を総動員し、さまざまな臨時製品を生産した。その代表的なものをいくつか取りあげると、まず食料品としては甘藷《かんしょ》（さつまいも）や馬鈴薯《ばれいしょ》（じゃがいも）の澱粉部分を製品にした粉食がある。当時はこれを水でこねて団子《だんご》にしてふかして食べたり、すいとんにしたり、パンに混ぜたりした。海草のカジメを使って佃煮《つくだに》をつくり販売した。豆粉にアミノ酸原料液を吸収させた味付けふくらし粉、代用醤油《しょうゆ》、醤油着色剤カラメル、三杯酢なども製造・販売した。

佐賀工場では焼酎《しょうちゅう》、滋養糖液、ぶどう糖、水あめなど、銚子工場では干し魚、魚粉練り製品などをそれぞれ製造し売り出した。

食料品以外では、戦時中に軍需工場だったことを生かしてアルミ鍋、ワッフル焼器、肥料、練炭、液体塩素、塩化硫黄、インク消し、石鹸、ロウソクなどを生産した。

終戦直後のものがない時期だったので、これら合計数十種類の臨時商品は食料品を筆頭に工業製品ともども、右から左へと飛ぶように売れた。だが問題は原材料がすぐに底をつき、一商品当たりの生産・売り上げ単位がいずれも小さいことだった。

## ＤＤＴ生産――再建を早めたビッグ事業

日本企業の多くは戦災で大きな被害を受け、ボロボロになりながら企業再建の道を模索し、試行錯誤を重ねていた。当時のＡ社もその例外ではなかったが、そこに突然舞い込んできた予期せぬ話――ＤＤＴ（殺虫剤）の生産委託話がＡ社の復興に大きな役割を果すことになる。これには当時、常務取締役だった道面豊信が深くかかわっている。

焼け残った生産設備や原材料を集めて臨時製品を細々と製造、販売しながら、「今後は何から手をつけたらいいのか」「いつになったら先が開けるのか」と企業再建に腐心していた終戦年の一九四五（昭和二〇）年十月に、総理府を通じて道面に次のような通知があった。「ＧＨＱ（連合国軍総司令部）が貴殿を名指しで呼び出しているので、ＧＨＱの指示通りに出向《でむ》いてほしい」。

当時の敗戦・日本は、米国を中心とする連合国の占領下にあり、ＧＨＱは日本政府の上に位置する絶対的な存在だった。総司令部のトップ（長官）には米国のダグラス・マッカーサー元帥が着任し、各種の占領政策を実施していた。

最高の権限・権力を持つＧＨＱからの呼び出しとは一体何だろう。若い時に米国に渡り、そこで大学を卒業して就職、日米開戦を前にやむを得ず帰国するまでの三十年余りを米国で過したが、そのことと何か関係が……。

道面はあれこれ考えを巡らせながら、指定の日時通りGHQが入居する東京・日比谷の第一生命保険相互会社本社ビル（第一生命館＝現DNタワー21）に一人で出向いた。

待ち構えていた係官に案内されたのは、軍服姿の準将、大佐ら十人ばかりが会議をしている部屋だった。その中のリーダーらしき軍人は開口一番、「とにかく米軍に協力することを誓《ちか》え」と道面に命令口調で言い放った。

道面はいささか驚いた。当時のGHQがいくら絶対的な権限・権力を持っていたとはいえ、その内容を説明することなく、いきなり協力を誓えはないだろう、この高飛車な態度は許せない、との不快感を持った。

少し考えて道面は「米軍に協力しないとは言わないが、一体何を協力するのか」「日本人として為すべからざることならば協力できない」と返答した。強い信念を背景にした、しっかりとした口調だった。しかも米国人の耳に入りやすいアメリカンイングリッシュが正確に発音されていた。

道面の話し言葉は、まるで米国人仲間同志の会話のように心地良くGHQ側に伝わり、その内容が厳しかったにもかかわらず、親近感さえ抱かせたほどだ。

こんどはGHQ側がたじろぐ番だった。少し間はあったが、道面の言い分に理があることに気づいた。それに道面の気迫の込もった姿勢に押しまくられたこともあった。

GHQ側は改めて道面に協力してもらいたい仕事の内容を、ゆっくりと説明し始めた。

それは日本の国民衛生に役立てる事業で、その時初めてDDTの名前が出た。

当時の日本は物資の不足、不衛生、劣悪な住環境の中で、ノミ、シラミ、ダニ、ハエなどの各種の害虫が蔓延《まんえん》していた。日本に進駐してきた米軍はこの不衛生状態に驚き、当初は米国から既製品のＤＤＴを日本に持ち込んで散布していたが、これではとても間に合わないことがわかり、日本で生産できる企業を探していたのである。

Ａ社を含め当時の日本企業の多くは戦災で生産設備が壊滅し、原材料も不足して仕事がみつからないときだったので、ＤＤＴ生産の話は天の恵みのようにありがたかった。だが現実の問題として、ＤＤＴの正体が不明であり、したがってどのように生産したらいいのかがわからない。道面はＧＨＱ側に執拗に問い続けた。

当時のやりとりの現場を、それから十数年後に道面が社内史用に語った談話録に基づいて忠実に再現すると以下のようになる。

道　面「当社の生産設備は（米軍による空爆で）破壊されたままで、今すぐ（ＤＤＴを）作れといわれてもそれはできない」

ＧＨＱ「（ＤＤＴの）原薬は米軍から供給する。君のところに澱粉工場があるのだから、その澱粉を稀釈《きしゃく》剤に使えばよい」

道　面「澱粉は食糧になるものだから、これを使うことはできないが、戦時中（日本の戦時体制下で）アルミナを生産するために白粘土をストックしているので、それを使ってはどうか」

ＧＨＱ「それはアルカリ性か、酸性か」……。

部屋の一角には、道面との会話の内容を米国ワシントンに通知するために、懸命にタイプライターを打つ文官の姿もあった。米軍側は本国に問い合わせたり、報告や確認を繰り返しながら日本での占領政策を進めていたのである。

ひと通りのやりとりを終えた道面は、本社への帰路を急いだ。すぐにＧＨＱの提案を社長（三代鈴木三郎助）に報告するとともに、その日のうちに役員会を開いた。もちろん誰一人としてＤＤＴの受託生産に異議を唱える者はいない。

道面はＤＤＴの生産を正式に引き受ける旨をさっそくＧＨＱに伝えた。その後、原薬の受け取り方法、製造についての細かい条件、製品の形体、引き渡し方などについて何度もＧＨＱと直接会って交渉や連絡を重ねた。

これらの交渉には、技術的な説明が必要なときに限り技術担当の役員を同伴する以外、ほとんど道面一人が臨んだ。

当時ＧＨＱとの交渉は非常に重要であると同時に、非常に厄介なものだった。まず戦勝国の進駐軍と無条件降伏国という絶対的な力の差があったし、語学の厚い壁もあり、双方の通訳を含めた多人数での交渉が多く、時間がかかる割にはなかなか正確に意志が通じなかったのである。

道面はその点、圧倒的に有利だった。三十年余りの米国在住で培われた抜群の英語力はＧＨＱも一目置くほどだった。何度か一人でＧＨＱに出向いているうちに、司令部の関係者の間から、「日本人で、一人で（ＧＨＱに）来るのは道面以外にいない」との評判が立った。一人で要件のすべてが処理できたので、司令部に喜ばれ重宝がられたのである。

それにしてもＧＨＱは、どこでどのようにして道面のことを知り、日本でのＤＤＴ生産にあたり名指しで道面を呼び出すことになったのだろうか。

ＧＨＱに初めて出向いた時は全く見当がつかなかったが、その疑問はやがて解けた。

終戦直後に、進駐軍として日本にやってきた一人の若き米軍下士官がかかわっていた。その若き下士官の父親は米ニューヨークで化学会社を経営しており、道面の米ニューヨーク時代にはお互いに交流していた友人同志だったのだ。父親は息子が日本に行くと聞いて、こうアドバイスした。

「日本の化学会社に、モノ作りと商道徳の面で信頼できる友人がいる。永く米国に住んでいたが、いまは日本にいるはずだ。何かの時に役立つと思う。その名前はミスター・トヨノブ・ドーメンだ」。

息子はこの父親の言葉をしっかりと受けとり、日本でのＤＤＴ生産の話が出たときに道面の存在を上司に進言、役立てたのだ。

道面はこれを知って、ニューヨーク時代のなつかしい面々を思い出した。米国から帰国して間もなく日米開戦、そして日本全体の焦土化、敗戦後の混乱などで、すっかり忘れかけていた良き米国時代のひとこまが脳裏に蘇ってきた。

道面の名前を息子に教えた父親とは、ニューヨークの財界人の会合で道面とよく顔を合わせていた一人だった。少し赤ら顔の大柄な紳士で、米国の映画俳優ジョン・ウェインに少し似ていた。あの彼と、ニューヨーク時代は同じ産業界の仲間として親しく付き合い、太平洋戦争（日米開戦）中は敵と味方に分かれたが、終戦を機に日本に進駐することになった息子を介して再び縁が生き返る——道面は国家、戦争、企業、人間などについて複雑で不可思議な思いを巡らせた。

いずれにせよ、道面が米国で仕事を通して培って得た人脈が役立つときがきたのである。

ＤＤＴの試験生産が始まったのは翌年の一九四六（同二十一）年二月で、製品が完成したのは三月だった。初めはＤＤＴ原薬とタルク（滑石）を細かく粉砕したものを混ぜ合わせて一〇％の粉剤とし、これをブリキ缶で包装して出荷した。これらはA社主力の川崎工場で扱い、最初に依頼を受けた数量は三百万ポンド（千三百六十トン）だった。

翌一九四七年三月からは、ＧＨＱから軽油や原薬の支給を受けて、五％の液剤も生産できるようになった。

一九四七年五月にはＤＤＴの需要増大に対応して、ＧＨＱはＤＤＴ原薬そのものを日本で生産することを決め、日本の製造会社十社以上にその旨を指令した。もちろんA社もその中に入っていた。こうして当初は輸入原薬を一〇％に稀釈・混合していたＤＤＴ生産は、原薬の製造から製品の完成までの一貫生産ができるまでになった。しかも取り扱う企業もふえて、ＤＤＴは日本全国に行き渡ったのである。

各地の学校や保険所、戦地から引き揚げてくる船着き場、多くの人が集まる場所を重点に、人の頭から衣服のすき間までの全身いたるところに白い粉（ＤＤＴ）を噴きかけるシーンは、戦後日本の、とりわけ昭和二〇年代の日本を象徴する一風景にさえなった。

一九四六年の生産開始から一九五〇年までの五年間で、Ａ社のＤＤＴの売上高は一〇％粉剤、五％液剤、原薬を合計して九億円強に達した。その間のＡ社全体の総売上高が九十四億円だから、ＤＤＴの売上高は全体の一割近くを占めたことになる。

とりわけ終戦直後の物《モノ》がない時期でのＤＤＴの貢献度は大きかった。例えば一九四六年八月から一九四七年十二月までの主要臨時製品（代用醤油、カラメル、その他各種の雑品）の売上高が合計五千万円だったのに対し、ＤＤＴは一九四七年だけで約一億五千万円とその約三倍を記録した。一九四七年上期に限れば、ＤＤＴの売り上げはＡ社全体の五八％強に達した。

また一九四六―四八の二年間では、Ａ社の合計売上高の三割以上をＤＤＴが占めた。

単なる金銭面の大きさだけではない。ＤＤＴは安全・確実に売り上げと利益をもたらしてＡ社の復興を早めたほか、その後の経営展開にも影響を与えたといえる。

道面はＡ社の四代目社長（一九四八年＝昭和二十三年五月就任）になってから当時を振り返って「ねらいは終戦後の悪条件下でＤＤＴを中心とする仕事で乗り切りつつ、一日も早く本来のＭＳＧの生産再開を期することにあったが、事実ＤＤＴは確かにこの大役を果したといえる」と、回顧している。

　また一九六五（同四〇）年に道面から五代目社長を引き継いだ鈴木恭二は「終戦後しばらくはDDTで食っていた」とその役割の大きさを端的に評価するとともに、「DDTを手がけたことが、その後の多角化（経営展開）への一つの自信となり、端緒ができたと言えるかも知れない」と表現、技術面で自信を得たプラスも大きく、以後のA社の経営多角化にも結びついたと述懐している。


　DDTにまつわるGHQと道面とのやりとりの中で、以下のようなエピソードも残されている。GHQの要請を受け、DDTの紛剤を生産・出荷し始めた一九四六年の春のこと。A社はDDTの代金の請求書をGHQに提出すると、GHQからは「それは日本政府が払うものだ」との返事が返ってきた。だが当時の日本政府は終戦後の混乱と財政難に直面し、窓口の厚生省から民間企業への代金支払いは非常に遅延になりがちだった。

　それを聞いた道面はさっそく、いつものように一人でGHQに出向き、顔見知りの担当者にゆっくりとした口調でこう語りかけた。

「いつかあなた方は英字新聞で、A社ビルから飛び降り自殺した人がいた、という記事を大きな見出しで見るかも知れない。それを読み進むと、司令部は（道面に）DDTの供給をさせているのに、その集金ができないため（社内の）役員や銀行家から責められてどうしようもなくて自殺した、と書いてあるだろう」。

それだけ言い終えて、道面はすぐにGHQを後にして自社に戻ってきた。効果はてきめんで、さっそくA社に請求書通りの代金が入ってきた、という。道面の巧妙な話に動かされて、GHQが日本政府・厚生省に早く支払うよう圧力をかけたに違いなかったのだ。

道面の交渉力、とりわけ堪能な英語力を生かして理詰めで相手に迫る説得力は周囲のだれしも認めるところだ。これが表向きの正攻法とするならば、DDTの代金請求に使った〝つぶやき〟作戦はいわば裏技といえよう。道面のこうした茶目っ気ともいえる行動は、実に絶妙なタイミングで、しかも自然体で実行されており、持って生まれた天性のものだった。

## MSGの生産再開——資材・原料不足で難航

終戦直後に三代三郎助は「MSGの生産再開」「社名味の素の復活」「当面の目標MSG月産百トン」などを内容とする〝Z旗〟を掲げたが、翌一九四六（昭和二十一）年に実現した社名の復活を除き、MSGに関しては大きな障害に直面して思うように進まなかった。それは原材料・機器類の決定的な不足と食糧難に対応した統制維持策が原因だった。

MSGの生産設備を修復するにも、必要な建設資材や機材が手に入らない。原料の小麦粉や脱脂大豆は食糧不足の状況下で絶対的に不足しているほか、政府による統制のため自由に調達できない。それに加えて、しばらく生産・販売活動をしていないので手持ちの資金も不足している。

こうして当面は手短かな副業やDDTの生産・販売で糊口《ここう》をしのぐしかなかったのだ。

あくまでも本命商品のMSGの生産再開こそがA社の悲願だったが、終戦の年は復旧工事は進展することなく翌年を迎えた。懸命な努力を続けた結果、やっと改善の兆しが見えてきたのは一九四六（同二十一）年九月になってからだった。川崎工場で、バランスの悪い部分を残しながらもMSGの生産設備の全系列を一応復旧することができたのである。

一九四七（同二十二）年五月にはMSGは月産二十五トンとなり、生産中止以来四年目にしてようやく小麦粉や脱脂大豆を原料とする本来の生産が実現できた。

その後も資材・原料不足が続いたためMSGの生産は一九四八年六十三㌧、一九四九年八十三㌧と緩やかなテンポでしか増加できず、終戦直後に打ち出した当初目標の月産百㌧の生産体制が完成したのは一九五〇（同二十五）年九月になってからだった。

MSG月産百㌧体制の確立に時期を合わせるように、一九五〇年八月一日にはMSGの国内販売に対する統制が解除された。それまでは合成清酒、水産加工品、医薬品などの業者向けのMSG販売を除き、一般家庭向けの販売は統制されていたのだが、それが自由になったのである。

これに伴い、MSG製品の充実や多様化のほか、広告や宣伝活動などの販売戦略を自由に展開して業容を拡大することが可能になった。

戦後A社のMSG生産量の推移をみると、一九五〇年が一つの分岐点となり、それ以降急激に増加している。

一九四六年はわずか十四㌧だったのが、一九五〇年には千二十㌧と年間千㌧台に乗せた。以後は倍々ゲームのように増加し、一九五三（同二十八）年には五千百六㌧と、戦前のピークである一九三七（同十二）年の生産量三千七百五十㌧を上回った。

一九五五（同三十）年には年間六千六百六十二㌧と、戦後の十年間で約四百七十六倍に増加、MSG生産を軸とする企業の基盤が固まった。以後、これを足場にA社は競争力のある食品会社として日本国内はもちろん、国際舞台へと飛躍することになる。

## 三郎助から道面へバトンタッチ

原材料・資材の不足に次いでA社にとって深刻だったのは、GHQによる日本企業を対象とした財閥解体の指定と実行だった。

財閥解体は、戦後の日本占領政策の一環として遂行された独占禁止、農地改革、労働改革などと並ぶ経済改革の一つだが、同族経営を継続しながら有力な関連会社をいくつか持っていたA社にとってはかなり深刻な事態をもたらすことが予想された。

もちろん、三井、三菱、住友などの大財閥ではない。だがそれらに次ぐ地方財閥に指定されたら、各種の制限を受け経営上で非常に不利な立場に追い込まれるに違いない。それを何とか避けたい、そのためにどうするか——。

三代三郎助の出した結論は自らが退陣することだった。「鈴木家の家長である自分が辞任していれば、A社は財閥会社としての指定を免れることができるのではないか」と判断したのだ。

三代三郎助はさっそく実行に移した。一九四七（同二十二）年四月、専務取締役だった道面豊信を社長室に呼び、①自分は社長を辞任する、②辞任の理由は表面上、健康不安とする、③財閥問題が解決したら社長に復帰する——などを伝えた。そして同年五月十九日に正式に社長を辞任した。

ニューヨークでの運命的な出会い以降、戦前戦中そして戦後の今日《こんにち》に至るまで苦楽をともにしてきた道面は、三郎助の心情を痛いほど理解していた。社長が戻るまで、専務の自分が責任を持って留守番役を果そう、と堅く誓った。こうしてA社は社長空席のまま、道面が最高責任者になった。

三郎助の社長辞任表明の三ヵ月後の一九四七年八月、二代目社長鈴木忠治に次いで三代目社長鈴木三郎助も公職追放の指令を受けた。

A社は財閥解体の適用除外を目指し、いろいろな対策を実行したのだが結局、一九四八年二月八日に過度経済力集中排除法の指定を受けた。

心配していた鈴木家トップの公職追放とA社の過度経済力集中排除法の指定を、ことごとく実施されることになったのである。

苦境に立たされたA社だが、その対応は素早く、運も味方した。まず社長の空席を避けるため、一九四八（同二十三）年五月に道面豊信が社長に就任した。三郎助の伝言は生きていたが、三郎助の公職追放の期間がどの程度になるか不明である。しかも集中排除法の指定を受けたので、必要な資料の作成や提出に多大な手間がかかり、責任ある企業としていつまでも社長を空席にしておくことはできない。そこで道面が社長になった。

過度経済力集中排除法については、その指定を受けてから、A社のMSGの生産推移や国内シェア（市場占有率）などの資料作成と提出に努めたほか、A社の保有株式の処分方針などをとりまとめて提出した。すべては集中排除法の本格適用を避けるためだった。これらにはかなりの労力を費したが、その途中でラッキーな風が外から吹いてきた。戦中の日本ならば、必ずやこれを〝神風《かみかぜ》〟

と言っていただろう。

米国とソ連による東西冷戦の深刻化を背景に、米国は対日政策を大きく転換、集中排除法の適用を大幅に緩和することにしたのだ。同法を適用して日本の企業を弱体化させるより、緩和して体質強化を図るほうが西側陣営にとって得策だ、と考えたのである。一九四八年十一月にA社は正式に指定解除の連絡を受けた。一九五〇（同二十五）年には隣国で朝鮮戦争が勃発し、軍事物資を中心に米国からの「特需」が日本企業に舞い込んだ。

こうしてA社の当面の経営危機は、世界の大きな潮流の中で解消した。そして道面豊信が主役となり、腕を振るえる時代がようやくやってきた。

# 第三章

# 道面豊信と白洲次郎

## 道面豊信と白洲次郎の接点

戦後五年足らずの段階で、日本の多くの企業は各種の制約や重圧から解放され、将来の発展に向けて自由に飛翔できる状態になってきた。それまでの寒流から暖流へと、潮目は変わったのである。こうして日本経済全体は、力強い復興から高度成長へと突き進んで行った。A社もこの波に乗りながら、道面体制を全面的に展開することになる。その具体的内容についての記述を進める前に、どうしても触れておきたい事柄がある。

それは同時代に生き抜いて、その活動および功績の大きさから現在に至るまで勇名を残している白洲次郎との接点についてである。

道面と白洲、ともに自身が終戦直後にGHQ（連合国総司令部）とじかに折衝したことにとどまらず、二人は多くの共通点を持ち、さまざまな場所で接触する機会を持ち合わせていた。詳細に探るほど、二人は重なり合うのである。

まずはその概要について簡単に触れた後、年次や項目ごとに二人の足跡を追いかけながら互いの〝接点〟を細かく検証してみたい。

## 道面豊信と白洲次郎――二人の年譜と接点の検証

道面豊信は終戦直後にGHQから名指しで呼び出され、DDT（殺虫剤）の生産を巡ってGHQと集中的に交渉した。

白洲次郎は同時期に吉田茂の命を受け、GHQに頻繁に出入りし、日本国憲法の制定を巡り交渉を重ねていた。

終戦年の一九四五（昭和二十）年十月以降、一九四六年をピークに一九四七年に至るまで、この二人はそれぞれ別の要件を抱えながら、GHQが構える東京・日比谷の第一生命本社ビル（第一生命館）に足繁く出入りした。

ともに戦後日本の復興に貢献したわけだが、はたしてこの時点で二人の間に直接的な接触があったのか、互いに顔見知りとなり親しい会話や交渉があったのだろうか。

もちろん道面豊信は一企業人として、いわゆる「私」「民」の立場で、一方の白洲次郎は当時の吉田茂外相の要請を受けて終戦連絡中央事務局の役人という「公」「官」の立場で、それぞれGHQと折衝していた、という大きな違いはあった。経済と政治という、分野の相違と言ってもいい。

だが、当時の絶対権力を握っていたGHQに対する二人の気構えや対応の姿勢などには共通している点が極めて多い。

道面は長年の米国生活で身につけた米国流の合理主義に徹していたし、ケンブリッジ大学卒の白洲は英国流のプリンシプル（信条）を常に貫いた。両人とも言うべきことは明確に言い、日本人としてのアイデンティティー（自己の存在証明）をしっかりと持ち合わせていた、といえる。

白洲次郎についてはこれまで多くの本が出版され、日本国憲法（いわゆる平和憲法）の制定に深く携わった人物として広く知れ渡っている。また、テレビのドラマや映画にもなって、その長身で颯爽《さっそう》とした姿で活躍する様子が描かれ紹介されている。

一九四六（同二十一）年の新憲法制定・公布だけではない。

吉田内閣期を通して、白洲次郎は吉田茂首相の「側近」と位置付けされ、一九五一（同二十六）年九月にサンフランシスコで開かれた講和条約会議にも同行し、講和条約ならびに日米安全保障条約の調印に立ち合っている。

一方の道面豊信については、A社の社史にその足跡がわずかに記載されているだけで、一般にはほとんど知られていない。

激動の同時代を生き抜いた二人の年譜を比較しながら、その類似点や相違点、そして何よりも二人の接点に注目してみたい。

順序として、約十四歳年長の道面豊信の生い立ちからスタートし、次いで白洲次郎の生涯を同様に追ってみる。

## 《道面豊信の主な年譜》

一八八八年（明治二一年）四月九日　広島県安芸郡仁保島村に誕生

一九〇六年（〃　三九年）広島県立広島商業学校卒業　満十八歳　米国に渡りアルバイトをしながら英語学習

## 《白洲次郎の主な年譜》

一九〇二年（明治三五年）二月十七日　兵庫県武庫郡精道村に誕生

### 道面豊信

一九一四年（大正三年）六月　米オハイオ北部大学卒業　満二十六歳

一九一五年（〃　四年）九月　米ニューヨーク　コロンビア大学経済学専攻（一カ年）卒業　ニュージャージー州サミットの神崎商店に入社

一九一七年（〃　六年）一月　道面豊信（二十八歳）と玉子（十八歳）広島で結婚　すぐ米国に

### 白洲次郎

一九一六年（大正五年）兵庫県立第一神戸中学校入学

## 道面豊信

一九一八年（〃七年）三月　三代鈴木三郎助に誘われ鈴木商店に入社ニューヨーク駐在

一九二二年（〃一一年）四月　シアトル駐在

## 白洲次郎

一九二一年（〃一〇年）同校卒業　満十九歳

一九二三年（〃一二年）英国ケンブリッジ大学クレア・カレッジ入学　生涯の親友ロバート・セシル・ビングと巡り合う、一緒にヨーロッパを車で長期旅行

## 道面豊信

一九三五年（〃一〇年）十月　株式会社鈴木商店（日本）外国課長、米国を中心に盛んに海外出張

一九三九年（〃一四年）七月から米国各地を巡り、十二月末米国を離れ日本へ

一九四〇年（〃一五年）一月　日本に最終的に帰国、二月取締役に就任満五十一歳

## 白洲次郎

一九三七年（〃一二年）日本食糧工業（後に日本水産）取締役に就任以後毎年英国に赴くロンドンで駐英大使だった吉田茂と親交深める満三十五歳

一九二六年（〃一五年）八月　ニューヨーク出張所長　満三十八歳

一九三〇年（昭和五年）一月　ニューヨーク鈴木商店取締役　満四十一歳

一九二六年（〃一五年）同大学卒業、大学院に進む　満二十四歳

一九二八年（昭和三年）父が経営する白洲商店が倒産、留学を断念し英国から帰国

一九二九年（〃四年）白洲次郎（二十七歳）と正子（十九歳）結婚

一九三一年（〃六年）英字新聞社勤務を経て、セール・フレーザー商会取締役に就任　満二十九歳

一九四一年（〃一六年）十二月八日　太平洋戦争（日米開戦）始まる

一九四三年（〃一八年）五月　常務取締役に就任　満五十五歳

一九四二年（〃一七年）東京都南多摩郡鶴川村（現町田市）に茅ぶき屋根の農家を買い「武相荘」と命名

一九四三年（〃一八年）東京の空襲を避け、鶴川村の「武相荘」に転居　カントリー・ジェントルマンの生活を送る

## 道面豊信

一九四五年（〃二〇年）八月十五日　終戦　十月　GHQから呼び出しを受け、DDTの生産交渉始まる　頻繁にGHQへ出向き、交渉重ねる　満五十七歳

一九四六年（〃二一年）二月　DDT試験生産　三月　DDT製品化に成功　GHQに納品　四月　社名を「味の素」に変更、株式上場・公開へ　MSG用の小麦粉・脱脂大豆などの原料割当実施

## 白洲次郎

一九四五年（〃二〇年）終戦　十二月　吉田茂外相の要請で終戦連絡中央事務局（終連）参与に就任　GHQと頻繁に折衝　満四十三歳

一九四六年（〃二一年）三月　終連次長に昇格、GHQ高官と日本政府との連絡役として日本国憲法制定にかかわるなど、政治の表舞台で活躍　十一月三日　日本国憲法公布

---

## 道面豊信

一九四九年（〃二四年）二月　民間・産業人として真っ先に戦後初の渡米実現、アメリカ市場の再開に着手　以後ヨーロッパ、東南アジア諸国の市場開拓・拠点づくり促進

一九五〇年（〃二五年）八月　MSGの統制解除、自由販売再開、自社の広告宣伝活動可能に　十月　脱脂大豆の統制解除　朝鮮動乱勃発、東西冷戦明確化

## 白洲次郎

一九五〇年（〃二五年）吉田茂首相の特使として渡米　日本の主権と独立の回復のための講和条約締結の下準備進める

一九四七年（〃二二年）一月　戦後初のMSGの米国向け輸出をGHQ認可、専務取締役に就任　三月　DDTの液剤を生産　五月　DDTの原料からの一貫生産実現　他社もDDT生産に参加

一九四八年（〃二三年）五月　社長に就任　満六十歳　グルタミン酸ソーダ工業協会を設立　初代会長に就任　MSGの原料および販売の自由化、外貨割当、物品税引き下げ問題などに取り組む

一九四八年（〃二三年）十月　貿易庁（後に通商産業省）長官に就任　満四十六歳　長官は三ヵ月間だけで早々に後進に席を譲る

---

一九五一年（〃二六年）四月　マッカーサー元帥・GHQ最高指令官解任

一九五二年（〃二七年）六月　小麦粉の統制解除

一九五一年（〃二六年）九月　米サンフランシスコに吉田茂首相の顧問として同行講話条約ならびに日米安全保障条約が調印　東北電力会長に就任、電力再編に尽力　満四十九歳

一九五二年（〃二七年）四月　講話条約が発効、日本は独立　吉田首相の特使として欧米訪問、米アイゼンハワー新政権を探る

**道面豊信**

一九五六年（〃 三一年）同年版の『経済白書』で「もはや戦後ではない」と宣言、日本経済の成長開始

一九五九年（〃 三四年）この頃毎年夏に「軽井沢ゴルフ倶楽部」で夫人同伴でゴルフプレー　満七十一歳

**白洲次郎**

一九五三年（〃 二八年）吉田首相の特使として欧米訪問ロンドンでは、親友宅に直行することがしばしば

一九五九年（〃 三四年）東北電力会長を退任 以後、荒川水力発電会長、大沢商会会長等を歴任、大洋漁業、日本テレビの社外役員、S・G・ウォーバーグ顧問等　満五十七歳

---

**道面豊信**

一九六九年（〃 四四年）三月　米アイゼンハワー元大統領死去の関連で読売新聞に顔写真入りで掲載、思い出を語る　満八十歳

一九七五年（〃 五〇年）十二月　妻・玉子逝去

**白洲次郎**

一九七六年（〃 五一年）軽井沢ゴルフ倶楽部常務理事に就任　満七十四歳後に同倶楽部理事長

一九六一年（〃 三六年）米コロンビア大学の日本人同窓生の代表として、アイゼンハワー元大統領の日本への招聘を目的に米ペンシルバニア州ゲティスバーグへ　直接面会・懇談して訪日の招待状を手渡す

一九六五年（〃 四〇年）五月　社長を退任　取締役相談役に就任　十一月　取締役を辞任し相談役に満七十七歳

---

一九八一年（〃 五六年）三月八日　逝去満九十二歳

---

一九七九年（〃 五四年）最後のイギリス旅行実行ロンドンで学生時代からの生涯の親友ロバート・セシル・ビング氏と別れの時を過ごす　満七十七歳

一九八二年（〃 五七年）八十歳になってもポルシェを乗り回し、ゴルフを愛す

一九八五年（〃 六〇年）十一月二十八日逝去満八十三歳

## ㈠ 誕生から結婚、終戦まで

一八八八年〜一九四五年

### 道面豊信

道面豊信は一八八八（明治二十一）年四月九日、広島県安芸郡仁保島村で広い土地持ちの富農の次男として誕生。一九〇六年に広島県立広島商業学校を満十八歳で卒業した。

単身でアメリカに渡り、各種のアルバイトをしながら英語を学習し米オハイオ北部大学に入学、一九一四（大正三）年に満二十六歳で同大学本科理財科を卒業。

同年ニューヨークに移り、米コロンビア大学に入学、翌一九一五年に同大学経済学専攻（一カ年）卒業。同年ニュージャージー州サミットの日系企業の神崎商店に入社した。

一九一七（同六）年一月に一時帰国して、母モミが選んだ同郷の野間家の娘・玉子と広島で見合い結婚、すぐに米国に同行した。豊信満二十八歳、玉子満十八歳だった。

同年七月、販売拡大と市場調査のためニューヨークを訪れていた三代鈴木三郎助（幼名三郎）と運命的に出会う。これを機に翌一九一八年ニューヨーク鈴木商店に入社、ニューヨーク駐在。一九二二年シアトル駐在、一九二六年ニューヨーク出張所長に就任、満三十八歳。一九三〇（昭和五）年一月ニューヨーク鈴木商店取締役に就任、満四十一歳。

一九三五年株式会社鈴木商店（日本）外国課長。一九四〇（同十五）年一月日米開戦の危機が迫る中で最終的に米国を離れ日本に帰国。同年二月取締役に就任、満五十一歳。一九四三年常務取締役。原材料不足、軍需産業化、空爆による生産設備の被害などに直面しながら終戦へ。満五十七歳。

## 白洲次郎

白洲次郎は一九〇二（明治三十五）年二月十七日、裕福な商人の次男として兵庫県武庫郡精道村で誕生。兵庫県立第一神戸中学校を一九二一年に卒業、満十九歳。

単身でイギリスに渡り、一九二三（大正十二）年に英ケンブリッジ大学クレア・カレッジ入学。生涯の親友ロバート・セシル・ビングとめぐり合う。一九二五年の冬休みに愛車ベントレーに乗って、イギリスから欧州最南端のジブラルタルを目指して親友ビングと十一泊十二日の長旅をフルスピードで駆け抜けてロンドンに戻る。

一九二六（大正十五、昭和元）年同大学卒業、大学院に進む。満二十四歳。

一九二八年に父が経営する白洲商店が金融恐慌の煽《あお》りで倒産したため、留学を中断し英国から帰国。

一九二九（昭和四）年、同様に金融恐慌の影響を受けて米国での大学進学を断念し帰国していた樺山正子と知り合い、結婚。次郎満二十七歳、正子満十九歳。

一九三一年に英字新聞社勤務を経て、セール・フレーザー商会取締役に就任。

一九三七（同十二）年、日本食糧工業（後に日本水産）取締役に就任。以後毎年英国に赴《おもむ》き、ロンドンで当時駐英大使だった吉田茂と出会い親交を深める。満三十五歳。

一九四二年、東京都南多摩郡鶴川村（現町田市）に茅ぶき屋根の農家を土地と一緒に買い入れ「武相荘」と命名。日米戦争が始まれば日本は必ず敗ける、東京は焼け野原になり食糧難に陥るとの判断が背景にあった。一九四三（同十八）年に鶴川村の「武相荘」に転居、カントリー・ジェントルマンに徹して田を耕し野菜をつくりながら日本の行方を案じつつ終戦へ。満四十三歳。

……………………………………………………………………

道面豊信と白洲次郎は年齢差こそ約十四あるが、ともに次男として生まれ、地元の中学を卒業後すぐにそれぞれ米国、英国の大学をめざして留学した。

ともに向学心が強く、道面は米オハイオ北部大学を卒業後、名門のNYコロンビア大学の経済学専攻課程を選択し、白洲は英ケンブリッジ大学卒業後、同大学院に進んだ。

結婚年齢も道面二十八歳、白洲二十七歳と極めて似ており、相手の年齢も十八歳と十九歳である。当時の平均的な結婚年齢だったのかどうか、偶然の類似なのかは不明である。

二人は結婚後、その後の人生を大きく変えるほどの、重要な人物との運命的な出会いを同じように経験している。

道面豊信は一九一七（大正六）年、ニューヨークで三代鈴木三郎助と出会い、これを契機に一生を託す企業A社に身を投じ、やがてそのトップに登り詰めることになる。

白洲次郎は企業の役員として毎年のように英国に出向いているうちにロンドンで駐英大使だった吉田茂と出会って交流を深め、やがてこれが日本の戦後復興に大貢献するきっかけとなった。GHQとの折衝、日本国憲法の制定、通商産業省の設立、電力業界の再編、講和条約締結、主権回復など、戦後日本の歴史づくりに深くかかわったのである。

終戦の日の迎え方は対称的だった。道面は企業の経営陣の一人としてあくまで自社の施設や工場を守るべく東京に在住した。一方、白洲は達観して田舎に引き込もり、そこで静かに日本敗戦の報を聞いた。

## (二) 終戦後のＧＨＱとの関わり

### 一九四六年～一九五二年　接近と接触

**道面豊信**

道面豊信は一面焼け野原の東京で、一九四五（昭和二十）年八月十五日の終戦を迎えた。会社の生産設備は空爆により破壊され、原料や資材などが絶対的に不足する中でこれからの企業再建に腐心し、頭を痛めていた。

だが同年十月に、経営再建の救世主になるような話――殺虫剤ＤＤＴの生産依頼の案件がＧＨＱから道面のもとに舞い込んできて、これがその後の企業再建に大いに役立ったことはすでに詳細に記述した通りである。

すべては道面が戦前に米国で築き上げた商売上の信用や人間関係の信頼がもとになっている。それに道面が米国生活で身につけた語学力と交渉力が手伝ったことはもちろんである。

この際に特に注目したいのは、ＧＨＱとの直接交渉の場で見せた道面の毅然たる姿勢と、グローバルな視点に立った物の考え方および実行力である。

道面が成功させたＤＤＴの生産を巡るＧＨＱとの交渉も、当初から順調に進んだわけではない。ＧＨＱとの最初の場面は、ＧＨＱ側からの脅迫まがいの発言から始まった。「とにかく米軍への協力を誓え」との高圧的な第一声には、戦勝国として日本に乗り込んできた者の優越感と驕《おご》りとが混ざり合っていた。他国で事業を進める際でもあり、勢《いきお》いとして理解される面もあろう。

だが道面は、こうした不合理な行為は断固として許さなかった。その内容が何であるかを知らせる前に、〝何でもいいからこちらの言うことに従え〟式の態度は人間として絶対に容認できなかったのである。

道面は長い米国での生活の中で、身につけたことがいくつかある。相手との対話では出来ることと出来ないことを区分して、出来ないことに対しては「NO（ノー）」とはっきり言うことは最も大切な一つだった。なぜNOなのかの理由をあげ、さらなる説明を相手に求めることも含めている。

GHQとの初対話でもそうだった。道面は迷うことなくGHQ側の物言いを跳ね返した。

道面はまた、競争社会を生き抜くために「誇り」を重視した。社長最終年の新入社員向けのあいさつの中で、「……何よりも大切なのが誇りです。会社に対して、仕事に対して、そして自分自身を誇りに思うことからすべてが出発します」と断言している。GHQとの対話は、日本の誇りを守るためでもあったといえる。

こうして始まったGHQとのDDT生産交渉はその後順調に進み、一九四六年三月には製品をGHQに納品、一九四七年にはA社に限らず多くの企業もDDT生産を手がけるまでに至り、やがて製品は日本中に行き渡った。

GHQとの交渉ルートを持った道面はDDTだけではなく、例えばうま味《み》調味料MSGの輸出の再開や国内での販売自由化、外貨割当による原料輸入拡大などの諸問題について、自社を含めた業界全体のために先頭に立ってＧＨＱと頻繁に交渉を重ねた。

一九四八年五月に道面豊信は満六十歳で社長に就任、同年九月にグルタミン酸ソーダ工業協会を設立し、初代会長になった。

以後は業界団体の長の立場で原料および製品販売の自由化、物品税引き下げ、外貨割当などの諸問題でＧＨＱや日本政府と交渉した。

一九四九年二月には今後の国際化を見越して、日本の民間・産業人として真っ先に戦後初の渡米を実現、アメリカ市場の再開に着手した。

こうした努力の積み重ねの結果、一九五〇年にはＭＳＧの統制も解除され、朝鮮動乱による「特需」を契機に景気が上向くなど、ようやく日本の産業界全体に明るさが見えてきた。

## 白洲次郎

白洲次郎は東京郊外の鶴川村の「武相荘」で静かに終戦を迎えた。戦争になれば日本は必ず敗ける、とのある種の達観を持って水田や畑を耕す百姓仕事に没頭していたのである。

その終戦（一九四五）年の十二月、白洲次郎はいきなり日本政治の表舞台に登場することになった。時の外務大臣吉田茂の要請で終戦連絡中央事務局（終連）の参与に就任したのだ。文字通り日本政府とＧＨＱの間に立って、敗戦日本の終戦処理と日本再建のための諸施策を推進する唯一の機関で、吉田外相は終連総裁を兼ねていた。白洲は翌年三月、終連の参与から次長になった。白洲は英国仕込みの本格英語——正統派・本場イングリッシュを駆使して日本政府の意向をGHQに伝え、GHQの発言を正確に日本政府に持ち帰って伝達した。

互いのメッセージを双方に伝えることに徹し、中立の立場を貫き通した。

白洲が最も重要な仕事にかかわり、その名を残したのは日本国憲法（いわゆる平和憲法）の制定をめぐるGHQとの交渉である。

終戦の翌年一九四六年の二月十三日にGHQ作成の憲法草案が初めて日本政府に示されてから、三月六日に憲法改正要綱が発表されるまでの間、白洲は日本政府の立場でGHQと連日連夜に渡り憲法の内容・条文についての交渉を重ねた。

文字通り、日本の命運を決める舞台に身を置いたのである。

当時の資料によれば、GHQ側はマッカーサーが示した「天皇制存続」「戦争放棄」「封建制廃止」の三原則を踏まえてGHQ民政局が憲法草案を作成し、二月十三日午前十時に外務大臣官邸を訪れて、日本側に初めてその草案を提示した。

この日、GHQ側は総司令部民政局長のホイットニー准将を筆頭に三幕僚を加えた四人、日本側は外務大臣の吉田茂のほか、白洲次郎ら三人の合計四人がそれぞれ出席し対面した。

GHQ側は、向い側に座った日本側代表の顔にまともに日光が当たるように、太陽を背にして着席した。

ホイットニーらは憲法草案の英文の内容を説明し日本側に手渡した後、それを読む時間を与えるため日本側代表を残して日光がいっぱい降り注ぐ庭に出て散策した。

白洲次郎は庭に出たホイットニーを追いかけていくつかの会話を交した。約三十分後、ホイットニーは白洲に促されて再び室内の席に着いた。日本側がとりあえず草案を持ち帰ることで会談は午前十一時十分に終了し、ホイットニーらは官邸から立ち去った、と記録されている。

白洲とホイットニー間のやりとりの記録・言い伝えの中で最も興味深いのは、二人が出会って早々に交したこんな会話である。

ホイットニー「白洲さんの英語は、大変立派な英語ですね」

白　　　洲「あなたももう少し勉強すれば、立派な英語になりますよ」

これはあくまで表向きの言葉のやりとりであり、解釈である。その後の二人の含みのある会話や行動から判断すると、実際はかなりの皮肉が込められていたものと思われる。

あえて意訳を試みると、

ホイットニー「お前さん、いっぱしの英語をしゃべるじゃないか」

白　　　洲「あんたのは米国なまりがあって、とても一流の英語とは言えないねェ。もっと勉強しなよ」

——ということになる。

白洲は終戦年の十二月に吉田茂の要請で終戦連絡事務局に籍を置いて以降、ＧＨＱ当局と数多くの直接交渉を重ねた。そうした中でＧＨＱ側は白洲のことを「従順ならざる唯一の日本人」と評し、米国本土にもこのことを連絡したといわれている。

ホイットニーもこの風評を知ったうえで、初対面で会話したはずである。二人の間の英語にかかわるやりとりについては、人によって解釈は異なるだろうが、どうやら相手の地位や権力に左右されずに堂々とした態度の白洲が浮き彫りになっている面が強いように思われる。

当時のＧＨＱは占領国側として絶対的な権力を持ち、交渉時には日本側に命令口調で心理的圧力をかけてくる場面が多かった。この日の会談でＧＨＱ側が太陽を背に着席し、草案を受け入れるよう強い態度で迫ったのもその典型的な例である。

また、庭に出たホイットニーに近づいてきた白洲に対し、ホイットニーは静かな口調で「われわれは戸外に出て、原子力エネルギーの暖をとっているところです」と語った、との記録も残っている。これは暗に原子爆弾を連想させて圧力をかけたと解釈できる。英語についての白洲との会話のやりとりに対する、ホイットニーの反撃とも受けとれる。

だが白洲は少しもひるむことなく、自分のプリンシプルを常に堅持しようとした。その際、単に言葉で激しく反論しただけではない。白洲がホイットニー宛に送った書簡として知られている「ジープ・ウェイ・レター」がそれを裏付けている。

この書簡は草案が提示された二日後の二月十五日付で発送されており、GHQ側を「YOU（あなた方）」、日本側を「They（彼ら）」と呼んで白洲が中立的な立場を貫きながら、米国は合理主義のもとで直線的に物事を運ぶのに対し、日本は紆余曲折を経て目的に近づく手法を選択するとの思考方法の違いを、イラストで複数の山々を出発から目的まで直線的に結ぶYOUR WAYと、山々を迂回《うかい》しながら遠回りした曲線のTheir WAYとを描いて説明しようとした。米国はエアウェイ（航空路）、日本はでこぼこ道を行くジープウェイに例えた。

憲法改正について、いちどきに全面的な改正をすれば日本では強硬な反発を招くので、日本流に慎重かつ緩やかに取り組むべきだ、と暗示したのである。

これに対してホイットニーはさっそく翌日の二月十六日に、「そうした日本人の回りくどい考え方が現在の苦況を招いたのだ」との強い反論の返信を白洲に送っている。手書きのイラスト入りの苦心の説得を一蹴し、あくまでもGHQ草案に沿った憲法を制定しよう、との意図がうかがえる。

こうして当初から熱い火花を散らした交渉だったがそれ以降も、憲法改正草案要綱が日本の閣議で承認され公表された三月六日までの約三週間、GHQと日本側の間で激しいやりとりが継続的に展開された。白洲はそのすべてを外務省の便箋十枚に和文タイプで打ち込み、白洲手記として残している。

この年の十一月三日、新しい日本国憲法は公布された。

白洲は終戦連絡事務局に関係してから連日多忙を極めたが、とりわけ憲法草案をめぐりＧＨＱと連日連夜に渡り交渉していた時期は一日四時間以上の睡眠をとったことがなかった、といわれる。吉田茂が外相時代には外相官邸に、総理になって（一九四六年五月）以降は総理官邸に毎日のように起居していた。白洲の部屋には総司令部との内線電話が引かれ、ＧＨＱ高官らからの電話が頻繁だったと伝えられている。

日本国憲法の制定・公布で一段落した後、白洲は一九四八（昭和二十三）年十月、貿易庁長官に就任した。

当時、あらゆる物資は公定価格と配給制度がとられ、物資の輸出入については貿易庁が一手に管轄し、とりわけ企業にとって重要な海外への輸出には同庁発行の政府ライセンスが必要だった。貿易庁はやがて通商産業省（通産省）に衣替えして輸出振興を促進、日本の復興に寄与した。経済外交以外に道がなかった当時の日本を考えると、白洲は最重要の役所の頂点に身を置いていたことになる。

白洲の活躍はまだ続く。

一九五〇（同二十五）年四月から五月にかけて、白洲は吉田首相の「特使」として時の池田勇人大蔵大臣や宮沢喜一大蔵省秘書官らとともに渡米した。

戦後の占領政策、とりわけ経済政策の見直しの是非を米国政府に直接打診するのが目的だったが、白洲はダレス（全権、後に国務長官）に直接会って平和条約について交渉した。吉田特使の役目でもあった。

こうした下準備もあって、翌一九五一年九月に米国サンフランシスコで講和条約および日米安全保障条約を締結、日本側の全権団（首席全権吉田茂）に白洲次郎も加わった。

同年にはまた、全権団の一員になる前に白洲は東北電力の会長に就任した。産業振興の基盤である電力の開発と再編にかかわったのである。

その後も一九五二年十一月と五三年三月の二回、吉田首相の特使として白洲は欧米を回っている。東北電力会長の職にありながら、吉田の特使として欧米に渡り、各国首脳陣と直接会って日本の現状を伝えたり、財界人には外資導入を持ちかけたりの多面的な外交を実行した。

二人の年譜を見比べてわかるのは、戦後の限られた時期に、お互いの仕事を介して極めて近い周辺を行動していたことである。とりわけ一九四六―五二年の七年間は、ＧＨＱとの交渉や日本の輸出振興策、あるいはアメリカを相手にした交渉・接触などで共通の土俵を動き回っていたといえる。

二人の接点を探るために、いくつかの主要項目に分けてさらに検証を深めたい。

## 1　ＧＨＱとの密度の濃い折衝

道面は一九四五年十月にＧＨＱから突然の呼び出しを受けたのを機に、ＧＨＱとの交渉が始まった。そのピークは、翌一九四六年三月に生産委託のＤＤＴをＧＨＱに初めて納入するまでの期間だった。

白洲は一九四五年十二月に時の外相吉田茂からの要請で終連に籍を置き、ＧＨＱとの交渉を始めた。そのピークは、やはり翌一九四六年三月に日本国憲法の草案要綱がまとまるまでの短期間だった。

春の暖かさにはまだ早い一九四六年二月と三月にかけて、二人はともにＧＨＱと昼夜を問わずの密度の濃い交渉を重ねている。

道面は防疫、衛生、保健行政などを担当する「公衆衛生福祉局」、白洲は憲法草案の作成を担当する「民政局」と、出入れする部署こそ異なるが、ともにＧＨＱが構える日比谷の第一生命ビルに連日のように足繁く通った。

このビルに入るにはまず、重厚な石段を登る必要がある。そして巨大で、かつ太い石柱をくぐり抜けて内部に入り、広いエントランスホールを前にする。天井が高い吹き抜けになっており、正面には中二階エントランスに行く階段が、そして左手奥には各階行きのエレベーターがあり、その横には階段があった。

道面も白洲も時にはエレベーターを待てず、その横の階段を急ぎ足で駆けあがって関係の部署に向かったに違いない。ともに自社や業界の、自国の命運がかかっていたのだ。

二人がGHQの階段やエレベーターで行き来しているうちに、その頻度の多さからたびたび鉢合わせしたり、やがて顔見知りとなり、会うと軽いあいさつを交わす仲になるのは当然と思われる。

## 2 GHQからの風評

当時はGHQとの交渉は非常に重要であるとともに、非常に厄介なものでもあった。通訳を含め、GHQ側と日本側がお互いに多人数出席し、一語一句を確かめるような交渉が多かった。

道面の場合は、米国での長い経験と優れた英語力——しかもアメリカナイズされた言葉が極めて有利に働き、交渉・折衝のほとんどを一人でこなした。DDTの技術的な細部の説明になりそうな場合に限って、自社の技術担当者と二人でGHQとの交渉に臨んだ。

いつもはあらかじめ約束した時間より少し早目に、道面はGHQの担当部署に一人でやってくる。時には約束がなくても一人でぶらりと顔を出し、将校たちと雑談を混ぜた会話を交わして〝何か〟

を得て帰っていくこともあった。

こうしたことからGHQ内では「民間人で、一人でGHQに来る唯一の日本人」との評判が立った。白洲の場合は相手をかまわず、常に堂々と対等につき合うとの態度をGHQとの交渉でも当初から貫いた。「言うべきことは言う」姿勢は最後までキープした。

憲法草案をめぐってホイットニー将軍（民政局長）と出会い早々に激しくやり合ったのはもちろん、それ以前にマッカーサー元帥（GHQ総司令官）との一件も記録に残っている。後に「マッカーサーを叱《しか》り飛ばした日本人」と言われる原因になった逸話である。

それは終戦直後のクリスマスに、天皇陛下のクリスマスプレゼントをマッカーサーに届ける際に白洲が使者に立った時のこと。六階の部屋に行ってみると総司令官の身辺は贈り物だらけで足の踏み場もない。白洲は口上を述べ贈り物を渡そうとすると、マッカーサーはそこいらに置いてくれとばかりに絨毯《じゅうたん》を指差した。その瞬間、白洲は憤然として「これはいやしくも天皇からの贈り物だ、そんな所へ置くことは出来ない」と声高に抗議した。マッカーサーは考え直して新しい卓子（テーブル）を運ばせたので、白洲はその上に贈り物を置いて帰ったといわれる。

こうした積み重ねがあって、白洲はGHQ内で「従順ならざる唯一の日本人」と言われ、その強い男の評判は米本国にも伝えられていた。

戦勝国、占領軍として絶対的権力を持って指揮していたGHQに対し、毅然とした態度で自説を述べる日本人がほとんどいなかった中で、当時の道面と白洲の存在は極めて印象深かったであろうと想像される。

とりわけ物事の筋を通し、プリンシプルを重んじ、いつも自分の頭で考えた自説を前面に押し出す強靭《きょうじん》な姿勢を貫いた白洲は、良い意味で特異な存在に映っていたに違いない。

こうしてＧＨＱから一目置かれ、ＧＨＱ内で有名だった道面と白洲の二人が、そのうわさを聞いてお互いに意識し、どんな人物かと興味を持つのは自然の成り行きである。

### ３ 日本語から英語に変わる時

道面は日本の中学を卒業してから間もなく渡米し、米国の大学を卒業、主にニューヨークを中心に企業人として社会生活を送った。

日本より米国に在住していた期間が長かったため、日本語よりも英語の方が得意にすらなっていた。

このことは戦前に米国から自分の家族に送った手紙や絵葉書の中で、道面は日本語に混ぜて英語の単語やフレーズを多く使用したり、とりわけ時間的に急ぐ場合などに全文を英語で書きなぐっていることでも証明される。

また日本に帰ってからも、人の前で初めは日本語で話しているのだが、いつの間にか英語でのスピーチに変わったり、それに気づいて途中で日本語に変えても長続きせず、また英語になることもよくあったという。

白洲の場合は誰もが認める特色があった。それは白洲が怒って人と話すときは無意識に英語をしゃべる、ということである。

憲法草案をめぐってＧＨＱ側とやりとりする際に、双方がどなり合う時は英語を使うのは当然だが、日本人を相手にした場合でも白洲は怒るときには英語を使った。とりわけ日本の諸官庁の役人を相手にした時にはそうだった。

一九五一年九月にサンフランシスコで講和条約および日米安全保障条約を締結する際、その草稿をめぐって白洲と外務省の担当者の間で「内容を直せ」「草稿を渡せ」等のやりとりがあったが、白洲の怒りが増すうちにいつのまにか英語になっていたという。これを機に外務省内では「白洲は怒ると言葉が英語になる（ので要注意）」との伝言が定着したといわれる。

道面と白洲は、英語の達者な変な日本人として異色だったのだ。

## ４　輸出再開と貿易庁（通産省）

戦後、Ａ社の本命商品であるＭＳＧ（うま味調味料、グルタミン酸ナトリウム）の販売はまず対米輸出から始まった。当時は極端なほど原料小麦や大豆などの穀物類が不足していた。食糧を優先して国内でのＭＳＧの販売を制限し、ＭＳＧの原料は外貨獲得のためにだけ割り当てられたので、まず輸出に傾注したのは当然の成り行きだった。

輸出再開にはＧＨＱの許可が必要だったが、ここでも道面豊信の語学力、交渉力が存分に活《い》かされた。

道面はすでにＤＤＴの生産委託交渉により、ＧＨＱとの間に太いパイプを持っていた。これを引き継ぎ、こんどは「有力商品のＭＳＧの輸出によって外貨を稼ぎ、日本経済の自立を促進する」との大義名分を掲げて、ＧＨＱの上層部と交渉を重ねた。

同時に食糧、食品の監督官庁である農林省や、輸出の〝総元締《そうもとじめ》〟である貿易庁とも折衝し、外貨獲得製品としてのＭＳＧの優位性を説得して回った。一九四六年春先のことである。

幸いにも農林省、貿易庁とも外貨を稼げる輸出品としてＭＳＧに大きく期待するようになり、これがＧＨＱとの交渉に有利に働いた。

そしてついに一九四六年七月、ＧＨＱはＭＳＧの輸出許可を決定した。Ａ社としては、本命商品で今後の経営を推進していける見通しがつき、光明が見えた瞬間でもあった。

翌一九四七年の一月四日にＧＨＱから正式に輸出認可が下りたのを受けて、一月十七日には横浜港で米国向けのＭＳＧが積み出され、その荷は二月十三日にニューヨークに到着した。これが戦後のＭＳＧ輸出の第一号だった。

米国では戦前からＭＳＧ消費の習慣が定着していたこともあって純度九十九％強の日本製ＭＳＧはたちまち評判となり、ニューヨークのほかロサンゼルス、シカゴ、ホノルルなどからも直接取引の要望が出た、と記録されている。

その後、米国向けに限らず、カナダ、中南米、オーストラリア、東南アジア、ヨーロッパ各国などへのＭＳＧ輸出が年を追って順調に増大し、一九五二（昭和二十七）年度には輸出量の合計が千七百二十一トンと、ついに戦前の最高水準を上回るまでになった。

道面が苦心して輸出再開の突破口を切り開いたのが、すべての始まりだったといえる。

一方の白洲次郎は、一九四八（同二十三）年十月に第二次吉田内閣が成立すると同時に貿易庁長官に就任した。貿易庁は後の通商産業省（通産省）である。

当時、あらゆる物資は公定価格と配給制度がとられ、貿易もすべて国が管轄していた。

価格の高い輸入品を、国内で安い公定価格で売るために国は補助金を出し、逆に国内メーカーから買った輸出品を外国製品と競争できる値段にまで引き下げるため、ここでも国は支出していた。こうした国による輸出入の調整を担当したのが貿易庁で、一九四五年十二月に商工省の外局として設置された。

白洲自身は「ぼくは……マッカーサーじきじきの〝お名指し〟で、貿易庁の長官に就任した。……占領下のわが国貿易は……まだ〝政府貿易〟しか許されていなかったため、海外への輸出は政府のライセンスを必要とし、このライセンスの順番をめぐって汚職のウワサが絶えなかった。貿易庁汚職のウワサは国際的にも喧伝《けんでん》され、ワシントンでは〝ボーエキチョー〟という言葉が一時、汚職の代名詞として使われた。ここに至りマッカーサーは連合軍最高司令官の威信にかけ、占領下日本のスキャンダル摘発に乗り出すべく、ぼくを貿易庁長官に任命したらしい」と、当時の週刊新潮のインタビューに答えている。

さらに続けて「それにもかかわらず、貿易庁の汚職を根絶するまでに至らなかった。ぼくはやむなく、貿易庁の廃止を決意する。このほうが汚職を撲滅する早道と思われたからだ。貿易庁はやがて商工省に吸収され、通商産業省に衣替えするが、通産省誕生のきっかけは、実に貿易庁の汚職防止から始まったわけである」と述懐している。

白洲の貿易庁長官の在任期間は、一九四八年十月からわずか三カ月だけであった。

貿易庁ひいては商工省を改組し、通産省を設置するのに最もふさわしい能力を持った後輩たちを見つけ出して早々にその席を譲ったのである。

問題は道面と白洲の接点についてである。

道面はMSGの輸出再開を実現するために、白洲が長官に就任する前から貿易庁と頻繁に交渉していた。時には長官を含む貿易庁幹部たちと面と向かって話し合いをしていたに違いない。

そして一九四七年一月に待望のMSG輸出を実現した。

翌一九四八年の五月には道面はA社の社長に就任、同年九月にはMSGの業界団体「グルタミン酸ソーダ工業協会」を設立しその初代会長に就任した。

社長として自社関連の個別案件のほか、業界団体の会長として輸出振興、外貨割当、原料および販売の自由化、物品税の引き下げなどの諸問題について、貿易庁を含む関係官庁と折衝する機会が一段と増加したと考えられる。

白洲が貿易庁長官に就任した一九四八年十月は、道面が企業および団体のトップとして忙しく動き回っていた時期と一致している。

民間企業にとって最も重要な官庁の一つである貿易庁のトップが交代したとあって、道面は個別企業の社長および業界団体の会長として新任の白洲貿易庁長官をさっそく表敬訪問し、場合によっては諸問題について話し込んだと推定される。

白洲の貿易庁長官の在任期間はたった三カ月と短かかったが、常識的にみて道面がこの間、白洲と面会せずに終わったとは考えにくいのである。

この時点で二人が実際に顔を合わせたという確かな証拠を得るため、当時の文献や資料などを注意深く探ってみたが、人名を含め確たる物証は見つからなかった。状況から推測、判断するしかない。

## 5　米国訪問とアイゼンハワー大統領

道面は若い頃に志を立てて米国に渡り、米国の大学を出て現地で就職、太平洋戦争が始まる前までニューヨークを中心に活動した。太平洋を隔てた日米開戦を予知してやむを得ず祖国日本に帰国したものの、米国への思いは心の奥深くに潜んでいた。

戦争中にも「この戦争はいずれ終わるが、そうしたら自分を教え育てた第二の祖国とも言うべき米国に一番乗りしよう」と、秘かに考えていた。そしてそれを一九四九（同二十四）年二月に実現した。

終戦から三年余り経過した一九四八年末になって、ようやく日本の民間人の海外渡航が制限付きながら解禁されたのだ。

道面は妻玉子を同伴してさっそく渡米、二カ月間かけてニューヨークを中心に各地を回った。米国の経済人、財界人を含め、個人的な友人、知人たちとも約十年振りに再会し、旧交を暖めた。四年間弱の戦争によって日米両国の間に深い傷跡が生じたはずだが、道面夫妻の行く先々ではこれらが瞬時に癒《いや》され、米国での滞在日数を重ねるにつれて両国間で戦争があったことさえ忘れてしまうほどだった。

戦前、日本と米国を往来する手段は船舶によるものだけで、貨客船で太平洋を渡る日数は片道三週間から一カ月程度かかった。

戦後これが飛行機に代わり、所要日数もたったの約二日と、十分の一以下に短縮した。戦争がもたらした高度な技術進歩の成果でもあった。

道面は戦後初めて旅客機で訪米して、いろいろと感じたり取得するものが多かったが、この時間感覚も大きな収穫の一つだった。

日米間の時間距離が驚異的に縮まり、世界全体が近距離になった。航空機の発達により、人や物資の大量の運搬が以前に比べ容易にかつ迅《じん》速に出来るようになった。世界的な市場拡大、事業展開の絶好のチャンスが到来した――と道面は米国の地で確信したのである。

## 白洲次郎

一方、白洲が戦後初めて米国を訪れたのは一九五〇（同二十五）年四月で、吉田首相特使として池田勇人蔵相、宮沢喜一蔵相秘書官と同行した。講和条約締結の下準備を進めるためである。

白洲は戦前、英国のケンブリッジ大学で学び、社会人になってからも毎年のように英国に行っていたが、米国訪問はこれが最初だった。

翌一九五一年九月にサンフランシスコのオペラハウスで講和条約および日米安全保障条約調印の際、白洲は吉田首相の顧問として全権団一行に加わり、調印式に立ち合った。

以後、白洲は東北電力会長の肩書きのまま毎年のように吉田首相特使として欧米に出向いている。周囲の人に「ちょっと出かけてくる」と言って、一週間ほど欧米各国に行ったという。

こうした中で目を引くのは一九五二年十一月の渡米である。

当時、吉田首相の特使として欧米に出かける白洲を新聞各社が追いかけて記事にしていた。十一月の渡米について一般紙は「今回の米国行きの目的は、アイゼンハワー（元帥）新政権の首脳者に独立日本が当面している困難な実情を伝えて、従来通りの援助と協力を要請するとともに、新政権下の極東政策について打診を行うものとみられる」との観測記事をそろって掲載している。

当時の米国の大統領はトルーマンだったが、次期大統領としてアイゼンハワーが一九五三年から就任することが決まっていた。このため白洲は吉田首相の意向を受けて、アイゼンハワー新政権の施策内容などを事前に手探りするために渡米したのだ。

その際、白洲が直接アイゼンハワーに会った形跡はない。新政権に加わるであろう共和党の関係者や有力者たち、あるいはロビーストと面談して日本の情勢を説明したり、日米関係の重要案件についての情報を相互交換したと思われる。

予定通りに民主党のトルーマン大統領に代わって、共和党のアイゼンハワーは第三十四代米国大統領として一九五三年に就任、一九六一年までの八年間在任した。

戦後の東西冷戦が続く世界の中で、米国は西側のリーダーとして世界一の軍事力と経済力を背景に、強いアメリカを構築した。アイゼンハワーはアイクの愛称で慕《した》われながらその力量を十二分に発揮、米国の発展に貢献した指折りの指導者として名を残した。

戦後の世界の中で、米国の強い超大国としての地位確立と、日本の復興・高度成長による経済大国への進展が一致していた時期でもあった。

## 道面豊信

道面豊信はアイゼンハワーに一度だけ直接会って歓談している。

八年間の在任を終え、アイクがフリーになった一九六一（同三十六）年の秋のことである。

道面とアイクはともに米国の名門、ニューヨークのコロンビア大学の出身で、とりわけアイクは同大学の総長を経験したほどの名士でもあった。

道面は若い頃の一年間、同大学の経済学専攻に身を置いただけだが、卒業後も各界に活躍する同窓生と交流し現地の同窓会にも出席していた。

また戦後は、コロンビア大学を卒業した日本人だけで同窓会をつくり、日本で会合を開いていた。

アイクが大統領在任中に予定していた一九六〇年六月の訪日計画が、折からの安保改定反対騒動のために中止になったことを受け、コロンビア大学の日本人同窓会は翌年に改めてアイクの日本招聘《しょうへい》を企画した。すでに大統領の職責を離れていたので、その実現は容易に思われた。

道面は周囲に選ばれてその交渉をするための代表になり、日本への招待状を携《たずさ》えて一九六一年秋にアイクが待つ米ペンシルバニア州ゲティスバーグの農場を訪ねた。

アイクは道面に会い、これを知るなり大変喜んで「ぜひ日本行きを実現させたい」と繰り返すと同時に、自分の車に道面を乗せてアイク自慢の農場内を案内し、二人だけの楽しい時間を過した。

順調なら一九六二年十月末にも歴史的なアイク訪日が実現するはずだったが、その寸前に世界を震撼させた「キューバ危機」が起きたため、安全上の理由から訪日は中止となった。

白洲は、アイクが大統領に就任する前の一九五二年十一月に吉田首相の特使として渡米し、すでに翌年春からの発足が決定している共和党のアイク新政権の様子を探り、必要に応じて周辺の関係者と情報交換をして日本に持ち帰った。

アイク大統領就任の直前だった。

道面は、一九六一年秋に渡米し、アイク本人と直接会って日本への招待を伝えて歓談した。

アイク大統領退任の直後だった。

いずれも当時の世界で、最も影響力のある人物を巡る動きとして記録に残っている。


---

この時期の米国は、戦後の東西冷戦が続く中で軍事・国力強化を図り、文字通り世界最大最強の国づくりを進めていた。

日本も戦後の経済復興が順調に進み、一九五六（同三十一）年度版『経済白書』では「もはや戦後ではない」と宣言し、日本経済は復興期から次の段階の高度成長期へと向かい始めた時期だった。

アイク大統領在任時期は、米国はもちろん日本にとっても、戦後の国の位置付けを決める最も重要な八年間だったといえる。またアイク自身は文字通り世界最強のリーダーだった。

歴史に「ｉｆ（もしも）」は許されないが、アイク訪日とりわけ一九六二年秋の招聘が実現していたら、道面との再会により両者の更なる交流が始まったことだろう。

白洲もこの機会を見逃すはずはない。

日本国憲法の制定や日米安全保障条約の調印などに関係したこともあり、日米安保改定の当事者の岸信介元首相や当時の首相である池田勇人などの政治家とともに、白洲も一緒にアイクと会って歓談したに違いない。

その際、道面はアイクを日本に招待した側の代表としてアイクの日本での日程を作成、白洲のために特別な便宜《べんぎ》を図っていたことも想定される。

すべては想像の中の世界で、アイク訪日が実現しなかったことは後々まで惜しまれる。

## (三) 高度経済成長から晩年まで

一九五六年～一九八五年

第二次世界大戦で首都・東京を含め主要都市が焼け野原になり、何もかも失った日本だったが、産業・経済を中心にわずか十年で驚異的な復興を成し遂げた。

戦後十一年目に「もはや戦後ではない」と宣言し、戦後の復興期を卒業、次の新しい経済成長時代へと舵を切った。いわゆる世界の奇跡と言われた高度経済成長の実現に向けて、日本はまい進した。

一九六〇（昭和三十五）年十二月に時の首相の池田勇人が掲げた「所得倍増計画」の旗印がこの時代を象徴しており、昭和三十年代の日本中の職場（企業）や街（家庭や商店）には希望に満ちた光影があふれていた。

### 道面豊信

道面はこうした好環境の中でA社の企業経営者・トップとして存分に敏腕を振るい、会社を発展させた。

戦後のほぼゼロからの再建だったが、一九六五（同四十）年にはA社の事業は調味料、澱粉《でんぷん》、肥料、飼料用・医療用アミノ酸、化成品、医薬品、油脂、大豆たん白製品、スープ、シリアル、加工食品など広い範囲に拡大した。

同年の総売り上げは五百四十四億円強、営業利益は三十七億七千万円、国内関係会社は十四社、海外関係会社は六カ国六社、海外事務所は八カ国九箇所だった。

その後の発展により、加工食品や冷凍食品の品目が多くなったほか、新しい事業として甘味料、サプリメント、健康基盤食品などが加わった。

その結果、最近時点の二〇〇九（平成二十一）年には総売り上げは約一兆二千億円、営業利益は約六百四十億円と、この四十年余りで金額的に約二十倍になった。国内関係会社は四十九社、海外関係会社は二十二カ国六十九社、海外事務所は十四カ国二十箇所に増加している。

日本屈指の国際企業として国内・外で多角的に事業を展開しているわけだが、その基礎は道面の社長在任十七年間に築かれたといえる。

道面は日本経済の最盛期の昭和三十年代の終了とともに、一九六五年五月に社長を退任、取締役相談役に就任した。その年の十一月には取締役を辞任して相談役になった。十七年間の長期に渡る社長職に明確なピリオドを打ち、後進に託したのである。満七十七歳だった。

## 白洲次郎

一方、白洲は一九五九（昭和三十四）年に東北電力会長を退任し、事実上第一線から身を引いた。

吉田茂が政界から引退したこともあり、白洲の好きなカントリー・ジェントルマンの生活に戻ったのである。満五十七歳だった。

社会の第一線から姿を消したと言っても、これまでの縁もあって大沢商会の会長のほか、荒川水力発電会長、大洋漁業や日本テレビの社外役員、S・G・ウォーバーグの顧問などを兼務し、時間をもてあますことはなかった。

老年期を迎えた白洲が最も情熱を傾注したのは「軽井沢ゴルフ倶楽部」でのゴルフプレーおよびクラブ運営だった。

道面と白洲の接点は、時期こそかなり限定されているが、実はこの軽井沢を舞台にしたゴルフにもある。

## ゴルフ　共通の舞台「軽井沢ゴルフ倶楽部」

道面は米国の大学を卒業し、米国で就職するとすぐに、当時米国の要人たちの間で広まっていたゴルフを交際上の必要から始めた。

ニューヨークを中心とする米国財界・産業界の仲間たちとプレーするほか、各地に点在する日本企業の知り合いたちと折にふれてゴルフを楽しんだ。

戦前、日米開戦の危機を予感しつつ道面が米国に見切りをつけ、最終的に日本に帰国した一九三九年のギリギリまで、サンフランシスコやニューヨークで日本企業の友人たちとゴルフをしていた様子が、身内に送った手紙の文面からもうかがえる。道面は「相手をまかしてやった」との表現を使って、ゴルフでの勝ちを誇らしげに報告していたほど熱心で、勝負にかなりのこだわりをみせていた。

体にパワーがあった米国での三十、四十歳代には、ゴルフプレーの年間回数はかなり多く、人並み以上のゴルフ好きだったと思われる。

道面は帰国してから、戦時中と終戦直後の混乱の中でこそゴルフを控えていたが、日本経済が軌道に乗り始めて日本全体が新しい成長段階にさしかかった昭和三十年代に入ってから、再びゴルフクラブを握りコースに出るようになった。

その頃は経済的な余裕を背景に、一般のサラリーマンに至るまでゴルフが普及するようになっていた。戦後のゴルフブームの到来である。

道面は主として夏に軽井沢の別荘に宿泊して、妻玉子と二人でゴルフを楽しむことが多かった。その舞台となったゴルフ場は、旧軽井沢の名門コース「軽井沢ゴルフ倶楽部」である。

関係者の証言を総合すると、一九五〇年代後半から一九六〇年ごろ（昭和三十年代前半を中心にした五、六年間）がそのピークだった。社長在任の終盤を迎えた昭和三十年代の後半からはゴルフのプレー回数は目立って減少、社長退任後の昭和四十年以降は完全にやめてしまった。


白洲は英国時代から本場仕込みのゴルフに親しみ、戦前から様々なゴルフ倶楽部に所属して英国や日本のゴルフ仲間とプレーを楽しんでいた。ゴルフは白洲が最も愛するスポーツで、生涯を通してゴルフと付き合った。

その中でも「軽井沢ゴルフ倶楽部」は古くからのメンバーであるとともに、一九五二（昭和二十七）年から同倶楽部の理事、一九七六（同五十一）年から常務理事、一九八二（同五十七）年からは理事長を務めた。

合計すると実に三十年以上、「軽井沢ゴルフ倶楽部」に理事・常務理事・理事長として〝君臨〟していたことになる。その間に白洲は私心を捨てて、英国風の倶楽部を実現するため様々な改革を進めることに全力を尽した。

その基本は、メンバーを中心に親睦を重んずる本来の倶楽部をつくることだった。そのために白洲はプレー中のマナーについてもうるさかったし、相手が誰であろうと遠慮することなく彼のプリンシプルに従って発言した。

こうした中で伝え残されている行動や発言をいくつか拾ってみると——

「あくまでメンバーは平等だ」としてメンバーの年齢や肩書きによって差別扱いすることはなかった。三流ゴルフ場でありがちな、ゴルフがうまい奴がいばることなどは、もちろん許さなかった。

賭《か》けゴルフも禁止した。若者が大声を出して話すなど行儀の悪い振る舞いを見ると、その場で怒鳴りつけた。

接待ゴルフ場で多く見かける光景だが、駐車場に運転手を呼び出す拡声器を設置してほしいとの要望がメンバーから出たときに、白洲は「運転手を待たしてゴルフする奴なんか、ゴルフをする資格はない」としてそれを許さなかった。

このほか細かいことにも気を配った。マッチ棒や煙草の吸い殻を捨てるのをやめさせたり、プラスチック製のティーは地面に残って腐らないとの理由から、使うことを禁止した。

白洲は自身の性格もあって、ダラダラと時間をかけるスロープレーをいみ嫌い、「軽井沢ゴルフ倶楽部」では「PLAY FAST」と背に書いたTシャツを作らせたほどである。

要約すると、白洲は軽井沢ゴルフ倶楽部の運営にあたり、英国流の真のメンバーシップの倶楽部精神の基本を維持しながら、それに白洲流のプリンシプル――周囲の人が納得する常識やマナーに基づく独特の流儀――を付け加えていたといえる。

道面と白洲の軽井沢ゴルフ倶楽部での接点については、日記や記録、文献などの確かな証拠物件は何ひとつ残されていない。

道面が妻玉子と盛んにプレーしていたのは、一九五五（同三十）年から一九六二（同三十七）年頃までの間である。しかも土地柄もあり、毎年真夏の限られた期間に集中していた。

一方、白洲は一九五二（同二十七）年から理事になり、その後に常務理事、一九八二年から理事長になって倶楽部運営にかかわった。

白洲の若い頃からのもう一つの趣味はクルマで、ベントレー、ポルシェ、ベンツなど各種の自動車を運転した。八十歳を過ぎてからも自ら車のハンドルを握って、ゴルフ倶楽部に立ち寄る白洲の姿を周囲の人たちは見かけたという。

二人の年齢差もあって、道面と白洲の軽井沢ゴルフ倶楽部で重なる時期は一九五〇年代後半からの六、七年間に限定される。

軽井沢ゴルフ倶楽部は、日本で数少ない財団法人の倶楽部でメンバー数は制限され、しかも会員権の売買などとは無縁である。

道面はもっぱらゴルフプレーに専念し、白洲はプレーヤーというよりも管理・運営者として気配りするという立場の違いはあるものの、お互いにその存在を認知、時にはゴルフ場で顔を合わせ、挨拶を交わすことがあったと考えるのが自然のように思われる。

伝統ある軽井沢ゴルフ倶楽部がとり持つ、想像するだけで楽しげな二人の姿が浮かんでくる。

# 晩年

## 道面豊信

一九六五（昭和四十）年に社長を満七十七歳で辞任し相談役になった道面の晩年の生活は、静かで簡素なものだった。

A社の社長の席を後進に譲ったのを機に、それまで引き受けていた数多くの業界団体の理事長や会長などの役職も次々に手離した。

このあたりは米国流の考え方なのだろうか、周辺も驚くほど淡泊に要職から離れ、自由の身へと急いだ。

その後、道面が世間一般に登場したのは、米国の元大統領アイゼンハワーが死去した一九六九（同四十四）年三月だった。道面は当時の読売新聞の取材・質問に答える形で、アイクの日本招待を仕かけたが結局は実現できず、アイクは道面への手紙の中で「日本に行ってみたかった」「とても残念」と幾度も繰り返していた、との回顧談を語り、それらが顔写真付きで掲載された。これ以降は表に出ることは一切なかった。

年齢とともに病気がちになったことも手伝って、ますます外に出なくなった。病院にいる時間が次第に多くなっていたのだ。

こうした中で、道面の最愛の妻玉子は一九七五（同五十）年十二月、ひと足先に死去した。満七十七歳だった。

その時、道面は入院中で物事を正確に判別することが困難な状況だったので、周囲の関係者は妻玉子の死去を道面に知らせなかったという。

一九八一（同五十六）年三月八日、道面は心不全のため日産厚生会玉川病院で逝去した。満九十二歳だった。

同病院に一九七四（同四十九）年十一月に入院して以来、約六年三カ月間の闘病生活を過したことになる。

同年三月十七日に築地本願寺で行われた社葬（葬儀委員長・渡辺文蔵）は盛大だった。

道面の生前の交流・活躍の広さを反映して、政界、財界、各種業界、海外の関係者など約千五百人が参列・焼香したほか、約八百通の弔電が寄せられた。皇室関係者からの篭花や御供物もあった。

一例をあげると、政界では三木武夫、福田赳夫、財界では稲山嘉寛、松下幸之助、矢野一郎、井深大、業界関係者では国分勘兵衛、友人では弘世現など、多士に渡っている。

葬儀委員長・渡辺文蔵が弔辞で述べたように、道面豊信は十七年間の社長在任を含め、ほぼ半世紀の間をA社に在籍し、日本および世界を舞台に広く活躍してその生涯を静かに終えた。

## 白洲次郎

吉田茂が政界から引退したのを機に、自らの身も第一線から引いた白洲は晩年まで極めて元気だった。

軽井沢ゴルフ倶楽部を最後まで愛し、八十歳を過ぎても自ら自動車のハンドルを握ってあちこちと出かけていた。

この時期に特筆すべきは、一九七九（同五十四）年の最後の英国旅行である。白洲の学生時代からの親友であるロバート・セシル・ビングとロンドンで会い、親しく歓談し、別れの時を過した。彼とはケンブリッジ大学時代の冬休みに、愛車ベントレーに乗ってイギリスから欧州最南端のジブラルタルを経由し地中海を経てマルセイユ、パリなどを巡りロンドンに帰る十一泊十二日の車旅行を敢行した仲だった。

白洲は一九八五（同六十）年十一月二十八日に逝去した。満八十三歳だった。

妻正子は葬式を行わず、遺族で弔《とむら》いの酒盛りをした。

それは白洲が生涯最後のプリンシプルとして「葬式無用　戒名不用」の遺言書を残していたからだった。

白洲次郎は晩年に至るまで、その判断は常に素早く、その行動は機敏で、最後まで己《おのれ》のプリンシプルを貫いたのである。

# 第四章　道面時代の展開

## 道面時代スタート、相次ぐ新展開
～一九四八年～

A社では一九四七年五月に三代三郎助が社長を辞任して以降、社長空席のまま専務取締役の道面豊信が最高責任者となり総指揮をとっていたが、一年を経た一九四八年五月にはこうした変則を解消し、道面が四代目社長として正式に就任した。道面時代のスタートである。

## ＭＳＧ――国内自由化、月産一〇〇トン達成
### 一九五〇年九月

外貨獲得をねらいに、まず輸出から始まったA社のＭＳＧ生産・販売だったが、食糧不足や原料問題などの周辺の環境が少しずつ改善されるにつれ、ＭＳＧの国内向け生産・販売についても次第に統制色が薄れていった。

国内向けＭＳＧについては戦後、人が直接食べる食糧を優先する方針から、ＭＳＧ用の小麦粉や脱脂大豆などの原料は後回しにされた。このため国内向けＭＳＧの生産は原料不足のまま、しばらく休眠状態だった。

それがやっと動き始めたのは一九四七年だった。だがこれも、ＭＳＧの配給を要望した国内の合成清酒、水産練《ねり》製品、医薬品などの業者向けに限定されていた。

その後、国内の業者向け需要が拡大する一方、一般家庭向けのＭＳＧ需要も出てきたため、政府は一九四九年六月にはＭＳＧを配給品の対象から除外した。統制緩和はさらに進み、ついに一九五〇（昭和二十五）年八月、ＭＳＧの統制が全面的に撤廃され、国内外での生産・販売が自由になった。

長い間の手かせ足かせから解放され、企業が独自の方法で製品の充実や広告・宣伝活動などの

販売戦略を思う存分展開することが可能になったのだ。道面らが待ち望んでいた自由競争の時代がやっときた、といえる。

一九四五年八月十五日の終戦の日に、三代鈴木三郎助はいち早くＭＳＧの生産再開を宣言し、当面の生産目標を「月産百㌧」としたが、実際にそれが実現したのはＭＳＧの統制が解除された翌月の一九五〇年九月のことだった。

ここまでは三郎助が目標と方向を指示し、それを道面が実現していくという図式が残っていた、といえる。空席になったとはいえ、前社長三郎助の影響力がまだ生きていたのである。

だが、道面が専務のままA社の最高責任者になってから、その胸中にはA社を飛躍的に発展させる独自の構想が芽生えていた。社長就任が実現してからはそれらが急速に熟成し、次々に表面に出して実行することになった。道面経営の本格展開である。

道面の優れた英語力や交渉力が、ＤＤＴの委託生産のほか、ＭＳＧの輸出再開や国内での販売再開に際し、非常に大きな役割を果したことは当時の同業者を含め関係者の誰しもが認めるところだ。

しかし道面はこれにとどまらず、その後のA社の発展につながる経営体制の刷新を次々に進めた。一九六五（同四十）年までの社長在任十七年間に、A社の戦後〝ゼロ〟からの復興に始まり、やがて国際企業へと飛躍・発展する基礎を築き上げたのである。

時代の先を見据えた大きな戦略を描き、それを実現するための戦術をひとつ一つ地道に積み重ねていく手法をとった。

## 道面社長始動——輸出再開を突破口に

まず手始めに、ＭＳＧの原料である小麦粉の調達やＭＳＧの海外向け輸出の早期実現、ＭＳＧの日本国内での販売再開などについて、全権を握っていたＧＨＱを相手に交渉し、解決を早めた。

当時のＧＨＱは、食糧不足を背景に、小麦粉は基本的に食糧用にしか割り当てない方針だった。そこでＡ社は他のＭＳＧ業者、繊維業者、澱粉業者と共同で小麦粉を割り当てるようＧＨＱと政府に訴えた結果、一九四八年下期からＭＳＧ用と澱粉用の小麦粉が割り当てられた。

同様に脱脂大豆についてもＭＳＧ向けの割り当てを要求してＧＨＱや政府と交渉した。

こうした中で、ＭＳＧを生産・販売する国内の有力九社で業界団体「グルタミン酸ソーダ工業協会」を一九四八年九月に設立、道面豊信はその初代会長に就任した。同協会はＭＳＧの原料問題をはじめ、国内での販売自由化、物品税引き下げなどの諸問題を抱えていたが、道面会長の陣頭指揮で関係各方面にこれら諸問題の解決を陳情し、働きかけたのである。

途中経過にはいろいろ曲折はあったが、結果として原料問題は一九五〇（同二十五）年十月に脱脂大豆の統制が解除され、一九五二（同二十七）年六月に小麦粉が統制解除になって大筋で解決した。

原料問題で残ったのは、ＭＳＧ生産各社が必要な原料を直接輸入するための外貨割当の問題だったが、これも日本経済全体の発展・拡大とともに解消していった。

ＭＳＧの生産再開については、輸出の問題を抜きには語れない。終戦直後の食糧難の時期には、直接に国民の腹の足しになる食料品向けの穀物類の確保が第一で、ＭＳＧ向けの小麦粉や大豆は後回しにされた。

ただ例外的に、輸出（＝外貨獲得）を目的とするＭＳＧの生産に必要な原料については優先して割り当てられた。輸出によって外貨を稼ぎ、これを使って必要な食糧や原材料などを輸入すれば、日本経済の自立・拡大に役立つからである。

道面はこうした「輸出による外貨獲得」とそれによる「日本企業の体質強化や日本経済全体の拡大・発展」の必要性について、ＧＨＱや日本政府に対し熱心に説得して歩いた。

この時の道面の頭の中には、一般論としての「輸出再開は日本経済の復興に直結する」との考え方のほか、ＭＳＧの輸出再開を契機にしたA社の世界戦略のシナリオがはっきりと描かれていた。ＭＳＧの各国への輸出をラッセルに、世界各地にA社の拠点を置き、名実ともに国際企業に仕上げる、というものだ。だからこそＧＨＱに足繁く通い、輸出再開を粘り強く訴えたのである。

「ＭＳＧを輸出して外貨を獲得し、それを日本経済全体の拡大・発展に役立てる」ことの重要性を日本政府はすぐ理解したが、問題はＧＨＱの厚い壁だった。当時のＧＨＱは輸出の許・認可権のほか、輸出製品の価格についても決定権を持っていた。

ＭＳＧの輸出再開をテコにA社を国際的な企業に発展させようと考えていた道面は、すでに成功したＤＤＴ委託生産の経験を生かしながら、ＧＨＱと執念を燃やして交渉を重ねた。

ＧＨＱは当初、慎重な姿勢を堅持し、ＭＳＧの輸出を簡単には許可しなかった。道面はあきらめずに足を運び、ＧＨＱの担当者だけでなく、上層部にも直接面談し、説得を続けた。

その結果、一九四六年七月にＧＨＱはＭＳＧの輸出を初めて許可し、翌年一月には正式に輸出を認可した。

こうして一九四七（同二十二）年一月十四日には横浜港からＭＳＧを積んだ輸出第一号船が出港し、二月十三日には製品が米国ニューヨークに着いた。

日米開戦の影響で、日本から米国へのＭＳＧ輸出が途絶《とだ》えてから約五年半後の輸出再開だった。

空白期間があったにもかかわらず、幸いにも日本製ＭＳＧのニューヨークでの評判は良好で、ニューヨークのほかロサンゼルス、シカゴ、ホノルルなどからもさっそく注文がくるほどだった。

戦前にこれらの都市でＭＳＧを販売していた〝遺産〟ともいえるが、道面にとってこれほど嬉しいことはなかった。

戦争によるブランクはあるが、米国の市場は健在である。世界各地も同様だろう。戦後の復興・再建の中で、世界の市場は一層拡大し、平和産業とりわけ生活必需品の食品産業は発展するだろう、それに伴いＭＳＧの需要はますます増大するに違いない――道面の頭の中には希望の歯車が急速度で回転し始めた。

米国に次いでＭＳＧの有望な輸出先になったのは、アジア諸国および欧州各国である。戦前に実績があったアジア向け輸出が復活するとともに、戦後新しくヨーロッパ向け輸出が加わる形になった。

戦後のアジア向けのMSG輸出は、一九四七（同二十二）年十一月の香港向けの二トンが最初だった。続いて同年十二月にはシンガポール、翌一九四八年にはタイ、一九四九年にはビルマ（現ミャンマー）、フィリピン、一九五〇年にはマラヤ（現マレーシア）、インドネシアへと輸出先は拡大した。いずれも順調に伸びて、アジア向け輸出の合計は一九四八年には早くも米国向け輸出を上回り、一九五五（同三十）年度には合計約千トンに迫った。

この好調なアジア向け輸出をさらに上回ったのは対ヨーロッパ諸国向けの輸出だった。ヨーロッパ向け輸出は戦前、ほとんど皆無だったので、戦後になってからの活発な引き合いにA社は当惑を感じたほどだった。

戦前のヨーロッパ向けMSGの輸出といえば、日本の商社を通じて英国にわずかな量を輸出したに過ぎなかった。それが戦後になってヨーロッパ各国が急にA社のMSGを輸入するようになったのには、次のような特別な理由があった。

ヨーロッパを代表する食品会社のクノール社やマギー社などは、戦争中に米国からMSGを輸入して、主にスープ類の味を良くするための調味料として使用するようになっていた。

この原因を探ると、第二次世界大戦時にたどり着く。とりわけヨーロッパ大陸ではドイツ・イタリアの枢軸国に対し、英国・フランスなどは米国と組んで連合国として協力して戦った。

ヨーロッパ各地の前戦では、連合国の兵士たちが合流して作戦会議を開いたり、共同して戦闘を展開した。

その際、各国から運び込んだ軍用食料品が各国兵士間で交流・交換するようになるのは自然である。かん詰めのスープ、加工野菜、肉加工品などが中心だが、国によって味が違っていた。というより見掛けは同じスープでも、実際に口にすると「うまい」と「まずい」の両極に分かれた。米国が米軍兵士とともにヨーロッパ戦線に持ち込んだ「ハインツ」や「キャンベル」製のかん詰めスープ類は明らかに美味で、英国兵士やフランス兵士にも人気が高かった。

逆にヨーロッパ各国の食品メーカー製のかん詰めスープ類は味にコクがなく、兵士の間では不評だった。

同じような原材料を使っているのに、どうしてこのように味が違うのだろう。激戦を繰り広げながらも兵士間で話題になっていたに違いない。

だがその謎は間もなく解けた。米国では戦前からA社の売り込みがあったほか、自国のMSG製造業者も出現し、食品メーカーの間にMSG使用が普及していた。食品の本来のうまさを引き立てる〝うま味〟調味料の効果を知っていたのだ。

これに対し、ヨーロッパ各国の食品メーカーはMSGの効用には鈍感で、ヨーロッパ戦線で初めてMSGの存在とその威力を知った。

そしてすぐにクノール社が米国からMSGを購入し、加工食品を製造する際の調味料として使用し始めた。次いで大手食品のマギー社やその他各社も、競ってMSGを使用するようになった。
戦後にA社がMSGをヨーロッパ向けにすぐ輸出できたのは、第二次世界大戦中に連合国の兵士間に食料品をめぐる交流があり、味の劣勢に気付いたヨーロッパの食品メーカーが米国から輸入したMSGを積極的に使用する習慣を確立していた、という事情があったのである。

こうして戦後のA社のヨーロッパ向けMSGの輸出は、一九四九（同二十四）年七月のスイス向け二十四キログラムを皮切りに、一九五〇年に英国、一九五一年にドイツ、スウェーデン、フランス、オランダ、一九五二年にベルギー、イタリアへと順次拡大した。

一九五五年にはヨーロッパ各国向けの輸出量は合計千六百五十九トンに達し、同年の輸出全体の約五四%を占めた。同年の米国向け輸出量は二百六十トン、東南アジア向け輸出量は九百三十七トンだった。

戦前、A社のMSG輸出は、一九三七年の各国向け合計千五百十トンが最高だったので、戦後の一九五五年にはヨーロッパ向けだけでこれを上回ったことになる。

## 道面社長の実行——社員の一般公募化

道面がトップに立って社内向けにまず最初に手がけたことは、社員の新規採用の公募化だった。それまでは同族企業、ファミリー会社によく見られるように、社員の採用対象は現役の経営陣や社員の縁故または知人など身近かな関係者がほとんどだった。全体の社員数や採用数が少なかったし、何よりもこうした方が簡単であり、身元がはっきりして安心でもあった。

かねがね道面は、こうした間口の狭い採用方法に限界を感じていた。規模の小さい個人企業ならまだしも、世界に向けて飛躍していこうとする企業ならば、広く有望な人材を公募で集めて適材適所に配置し活躍してもらう必要がある。

戦後の日本企業はA社を含めて一段と規模が拡大し、資本の充実、海外進出、経営多角化、研究開発・技術力の強化などの必要に迫られることになるが、その決め手は何と言っても人材である。

こうした考えから道面は、A社としては創業以来初めて社員の公募化を始めた。公職追放により社長が不在となり、道面が専務取締役のまま会社の最高責任者に就任した一九四七（昭和二十二）年からそれは実行された。

戦後初の新制大学の卒業予定者を採用しようと、ねらいをつけた大学に社員募集の要項を掲示した。これを見て応募してきた学生たちと、道面はじめ役員らが面接し採用を決めた。こうして戦後初めて新制大学卒の第一号を社員として採用、以後も一般公募による社員の採用は毎年続けられ定着した。

今でこそ多様な能力を持った人材を広い範囲から公募で集め、企業が必要とする人材を採用することは当たり前になっているが、国全体がまだ脆弱《ぜいじゃく》で経済も再建途上、しかも就職難だった時代に、いち早く新規社員の公募化を実施し定着化させた先見性は大いに評価されるべきだろう。

## 新入社員面接時の経済論議　池田安彦とのインフレ論議

一九四七（昭和二十二）年

道面豊信がA社の経営トップとして、新入社員の採用に関係する面接の場で、相手に話しかけたり長い議論を交わした代表的な二例がある。

一つは戦後間もない一九四七（同二十二）年の「インフレ論議」、もう一つは経済成長期にさしかかった一九六一（同三十六）年の「国際化論議」である。

一九四七年九月中旬、A社は戦災による痛手から脱し、ようやく生産活動の再開にメドがついたのを機に、初めて大学卒の新入社員を公募で一般採用する準備にとりかかった。

複数の大学に新入社員募集の通知を出し、応募してきた学生を対象に入社試験を実施して採用を決めるという手順である。当時は戦後の混乱もあって、面接試験だけが実施され、今でいう筆記（学科）試験はなかった。それだけに面接の場が重要だった。

その面接の場に池田安彦がいた。池田は戦前、東京大学法学部に在籍していたが、途中の大学二年の時に学徒動員で海軍士官になり、終戦（一九四五年八月十五日）直後には海軍経理中尉だった。軍隊が解体されたのを機に、池田は再び大学に戻り勉学を続けて当日を迎えた。

池田自身は戦後の荒廃を目の前にして、何とか日本の復興・再建に役立ちたい、と考えていた。そのためにはいわゆるキャリア官僚の登竜門である高等文官試験（現在の国家公務員採用上級試験甲種）を受けて指導力のある公務員になり、戦後日本の建て直しに尽力してもいいかなァ、と将来の進路を描いていた。

だが当時、国全体が混乱している中で、公務員の採用の有無とりわけ高文試験をいつ始めるのか不明だった。大学卒業の時期（当時は三年で修業）にさしかかっていた池田には、いつになったら高文試験を受けることができるのかが不安だった。さてどうするか。あくまでも公務員を目指して高文試験の開始を待つか、それとも〝官〟をあきらめて〝民〟を選ぶか……心が揺れ動いた。

こうした時に、大学の掲示板に民間企業の社員募集の告示がいくつか目についた。池田はその中でA社をまず選択し、指定の日時に試験会場に出向いたのだった。

面接会場のA社会議室には、長い机を前にA社の役員たちがずらりと横に並んで座っていた。池田は案内されるままにその会議室に入り、役員たちと向き合う形で用意された椅子に座った。と、その直後、真正面にいた道面豊信（当時は専務、公職追放があったため社長は空席で実質的に経営トップ、翌年五月に社長に就任）は身を乗り出して池田に問いかけてきた。

「インフレ（インフレーション）をどう思うか」「日本経済を再建させるにはどんな経済・金融政策が有効だろうか」「インフレの弊害を防ぐにはどうしたらいいか」――など、インフレ政策に関連する質問が相次いだ。

この時の道面の脳裏にあったのは、学生時代から社会人になって以降の約三十年余りの米国滞在中に体験した世界の状況――とりわけ第一次世界大戦（一九一四―一九一八年）後の敗戦国ドイツの超インフレ状態による混乱とその後に起きた第二次世界大戦のことや、一九二九年の米国金融界に端を発した世界恐慌とその後の長引く景気後退の経験などだった。

さらに身近かには、戦争により壊滅的打撃を受けた日本は激しいインフレに見舞われ混乱を続けており、それを克服・発展させるには今後どんな経済政策が必要か、また個別のA社の経営を舵とりする手順・体制をどうするかなど、難題を同時にいくつも抱えながら思いをめぐらせていた時機だった。

相手は学生だから完全な答えを望むべくもないが、見るからになかなか手応えがありそうなので自分が日頃考えていることを含めいくつかの問題を投げかけてみよう、周囲の役員たちの教育効果も期待できる、道面はこう思ったに違いない。

道面から池田への問いかけは真剣そのもので、周囲の役員たちはだまって見守るだけだった。口をはさむ余地は全く無かった。厳しい内容の問いかけだったが、道面はインフレや経済政策についての自分の考え方をまず説明し、その後に「君はどう思うか」と池田の意見を聞く手法を繰り返し、若い相手を気遣った。

これに対して池田は、ありったけの知識と判断力を駆使して道面の問いに答えた。法学部の出身だったが、財務・経理は海軍での実務経験もあり、得意な分野である。当時の文科系の学生たちが親しんでいたケインズ、シュンペーター、都留重人、中山伊知郎などの著書や論文などのほとんどを、池田は読んで理解していた。高文試験に備えて時事問題を勉強していたし、もちろんそうした中にインフレ論も含まれていた。

道面と池田、二人だけのインフレ論議は約三十分続いた。

その中でわかってきたのは、道面は自分の経験の中から「急激なインフレの進行は避けるべきだが、経済成長を実現するには適度なインフレが望ましい」との考え方を強く持っているということだった。池田もまた、その考えに近かった。

インフレ論議を展開する道面の顔が、池田との話が進むにつれ満足感にあふれていった。それが池田には印象深かった。同時に池田の心身にも満たされるものがあった。久し振りに手応えのある議論を味わった、という充実感である。

インフレ論議の後、ようやくほかの役員からA社の事業内容の説明などがあった。その中で海外担当の役員だった城戸崎秀雄（道面のあとのニューヨーク担当を経験）から「当社は海外で事業展開しているが、海外に興味があるか」「海外駐在になってもかまわないか」などの質問があって、面接のすべてが終了した。

その日の夕方に帰宅した池田を待っていたのはA社からの電話だった。道面の意向を受けて、担当の城戸崎が直接、「どうだ、ウチに入らないか」と入社を打診してきたのだ。すぐ承諾すれば、二、三日中に手続きをすませ、今月（九月）中に採用するという。この素早さに池田は驚いた。

池田はその若くて柔かい頭で考えた末、結論的にA社を選んだ。戦争により何もかも失った民間企業を建て直すには、A社を含めてどこの企業・業種でもかなりの困難が伴い、全社一体となった懸命な努力が必要だろう。

説明を聞く限り、A社は海外志向が強く、広く国際舞台での事業展開を目指している。この会社なら戦後日本の再建・復興に寄与しながら発展しそうだし、自分も海外で活躍するチャンスがあるかも知れない、と考えた。

それに、あの面接の場で真剣にインフレ論議を交わした経営トップがいる会社ならば、自分の能力を発揮して思い切り仕事に取り組めそうだ——と受け止めた。道面の存在が大きかったのである。

## 江頭邦雄との国際化論議
### 一九六一（昭和三十六）年

もう一つの例は、終戦から十数年を経て「もはや戦後ではない」と宣言し、日本の高度成長が始まった世代の江頭邦雄の場合である。

江頭は一橋大学経済学部から同大学院に進み、一九六二（昭和三十七）年の卒業を一年余り後に控え、これからの進路をあれこれ考えていた。

国際化の時代だから総合商社か海運会社にするか、それとも海外での生産・販売に意欲を持つメーカーを先取りして選ぶべきか。いずれにせよ海外を舞台に活躍できる企業を選択しよう、との思いを強めていた。

これには高校時代からの伏線があった。それは江頭が高校生のとき、長崎県佐世保市の書店で偶然に見かけた日本経済新聞社発刊の『私の履歴書』第一巻に、三井物産会長の新関八洲太郎が掲載されていたことだった。若くして海外に雄飛し、戦前・戦中の物情騒然たる中で日本が必要とする物資の確保に奔走した熱烈なビジネス戦記を読み、江頭は心底から感動し「こんな人生もあるのか」と深く胸に刻み込まれた。

そのことが一橋大学に進み、国際経済論を専門とする板垣與一《よいち》教授のゼミナールを選択する遠因にもなっている。

具体的に就職先をどうするかをあれこれ考えている時期に、東大病院で医師をしていた江頭の叔父から「うちに来ている客（患者）の中に企業経営者がいて、海外でも事業展開しているそうだ。お前のことをすでに話してある。一度訪ねてみなさい」と声をかけられた。この客＝経営者こそ、A社社長の道面豊信だった。

それまで江頭は就職先としてA社を全く考えたことがなかったので、少しとまどった。だが叔父の顔を立てる必要もあるし、ともかく会ってみようかとの軽い気持ちで道面を一人で訪問した。

道面と江頭とは、五十歳程の年齢差があり、親子というより祖父と孫との関係に近い。

そのこともあってか、道面は江頭にやさしく、丁寧《ていねい》な口調で「これからの日本はいかに本格的な国際化が重要か」を語り始めた。A社の現状や世界戦略の説明もあったが、後半の大部分は一企業の範囲をはるかに超えて、日本経済全体の国際展開に踏み込んだスケールの大きな内容だった。

道面の話を聞いて、江頭の熱き血が踊った。一橋大学経済学部で国際経済論の板垣教授のゼミナールで学び、この分野では自分も専門家の端くれであるとの自負を持っていたからだ。

道面の話が一段落し、こんどは道面が江頭に「いま何を勉強していますか」と球を投げてきた。江頭は待ってましたとばかりに「アジアの経済についてです」と答えた後、続けてとうとうと持論を展開した。

「アジア諸国の発展のために日本の援助は不可欠である」「しかしお仕着せの援助や手取り足取り

の発想ではだめだ」「自主的に発展させるべくリードしていく視点が重要である」……。

さらに当時の経済関係学部の学生たちが読んでいた国内・外のエコノミストや学者たちの著書とその内容が江頭の口から次々と出てきた。心酔していた板垣教授をはじめ、シュンペーター、ミュルダール、ヌルクセなどが著《あらわ》した経済理論や低開発地域・後進国開発理論などがその代表である。

道面と江頭、二人だけの国際化論議はとうに一時間を過ぎていた。その後半は道面がもっぱら聞き役で、いつ終わるかわからないほどの江頭の熱弁を、ただひたすら静かに受けとめた。

一段落してから道面はゆっくりした口調で江頭に「海外志向を持っているなら、ウチに来たらどうですか」「ただし入社試験はきちんと受けなさい」と言いながら、人事部長を社長室にすぐ呼んで、「この人にウチを受けてもらいなさい」と指示した。

社長室を出た江頭に、人事部長は「入社試験や役員面接などの通常の手順を踏んでほしい」と、入社試験の日程や会社概要の説明書など一式を手渡した。

予想もしない急展開に江頭はいささか面くらったが、やっとの思いで「ともかく二、三日考えさせてください」と言い残し、急いで家に帰った。

持ち帰った会社概要や資料を調べてみると、A社は欧米主要国に拠点を持つほか、フィリピン、タイ、マレーシアなどの東南アジア諸国に生産工場を建設するなど海外展開に熱心である。

しかも面談した道面社長のスケールの大きさと素早い対応はどうだろう、経営トップとして抜群の魅力を持ち合わせているではないか。

その社長に自分の考え方や海外志向をあれだけ時間をかけて語ったのだから、きっと入社すればすぐに海外に出してくれるだろう。A社を選択する手もあるか――。

こうして江頭は第一志望だった商社や海運会社に見切りをつけ、道面の強烈なオーラに吸い込まれるようにA社の入社試験を受け、翌年の一九六二（同三十七）年四月に入社した。

それからしばらく後の一九八二（同五十七）年、道面豊信の一周忌の式典会場で、当時A社の会長だった鈴木恭二は挨拶の中でこう述べている。

「私は、道面さんが残した最大の功績は、それまで縁故で採用していた新社員を、戦後初めて一般公募で採用したことだと思います」

「これにより、この会社の社風、カルチャーはすっかり変わり、（今日の）発展へと結びついたのです」

――三代鈴木三郎助の長女の夫である鈴木恭二（道面を継いで五代目社長）が明言していることの意味は大きい。

ともすると、本家意識や同族擁護《ようご》のためにこうした発言を避けたがるのが普通だが、娘婿《むすめむこ》というやや気軽な立場とはいえ、企業の将来を見据えた経営者・道面豊信の眼力と実行力を客観的に評価している。鈴木恭二の力量でもある。

さらに後にA社の九代目社長になった稲森俊介は、道面豊信が残した数々の功績のうち、やはりその一番目として社員公募の実施をあげながら「そのことがファミリー（家族）企業からパブリック（公共）企業へと変えた」と指摘する。

それまでの創業者、鈴木家の手による家業から、一段と飛躍させて世界に通用するグローバルな企業への道筋をはっきりとつけた、というのである。

その背景には、戦後の経済発展に伴う株式市場の発達と企業規模の拡張、株式・株主の拡大と分散などがあった。いわゆる「資本」と「経営」の分離が進み、開かれた近代企業への諸条件が形成されていったのである。

いずれにせよ道面が早々に取り入れた一般公募による社員採用は、日本企業の近代化の先駆けになった、といえる。

## 円形テーブル（円卓）会議の採用

時を再び一九四七年に戻すと、道面はこれまでの社内の会議のあり方を大きく変えた。その象徴は、役員会議室での円形テーブル（円卓）の導入である。

それまではA社に限らず、日本のほとんどの企業では長方形の角張ったテーブルを使用し、それを囲むように並んでいる椅子に役員たちが着席して会議が開かれていた。

しかもそこには序列があり、上座の中心に社長が座り、その隣席に専務、常務と順番に着席し、社長席から最も遠い下座に平取（取締役）が座るのが通例だった。

着席の様子を見れば、その企業の各役員の序列がわかるほど席順は固定化していた。

道面は社長に就任した直後、これまでの長方形テーブルを取り払い、その代わりに円形テーブルを入れて役員会を開いた。

役員会に出席する各人に序列をつけず、それぞれの立場から自由に発言させ、全体の意見を集約していく合議制を採用するねらいがあった。

「角」から「円」へ――まず形を変えることから始めたのだ。

近年の国際連合での常任理事会や、主要二十カ国・地域（G20）会議などでみられるいわゆる円卓会議は、そこに参加し着席する人に差別感を与えず、お互いに平等の立場で話し合える雰囲気を作り出している。

戦前、米国で長く生活した道面は、多くの米国企業が採用していた円形テーブルによる会議の実態をよく知っていた。そして時機到来と判断するや、すぐ自社で実行したのである。

会議に参加した役員たちからなるべく多くの意見や提案を引き出して、全体で協議する。各人の担当以外の問題についても自由に話し合うことにより、全体の共通認識が高まる。役員の担当が急に変更されても、役員会での議論の蓄積があるから支障が生ずることなくすぐ対応できる。役員の交代や昇格があっても、席順等をいちいち変えなくてもいい――これらは円卓会議の利点である。

極端に言えば、円卓会議の参加者は相互に等距離にある。同時に責任もやりがいも平等である。こうした中から真の経営者が育ち、リーダーが誕生する、と道面は考えていた。

公募で採用した社員たちがやがて幹部社員や役員になり、円卓会議を通してA社を担う人材に登り詰める――道面の脳裏には、こんな人事についての将来図が描かれていたに違いない。

## 社内会議「合議制」の確立

円卓会議の実施でまず形式（フォーム）を整えてから、すぐ「合議制」の構築を急いだ。その原型は調査室会議で、関係各部署からの参加による合議で業務を運営することにした。さらに部課長会、各種専門委員会、製品および技術に関する検討会など、必要と思われる会議や専門委員会を次々と設けた。

企業運営に関する意思決定のためには、五人の常務による合議体が取締役会の下部機構として設置された。これは一九四九年二月に道面が戦後初めて市場視察のため渡米した際に「留守中の業務処理を常務の合議により実行するよう」事前に指示したことが発端となって誕生したものだった。以後、常務会として毎週継続的に開かれ、一九五五年七月にはこれを社則にも明文化された。トップマネージメント体制の変革に続き、それ以外の経営管理についても順次変更し、企業全体の体制を整備した。

具体的には、それまで生産および販売の数量管理を毎月一回「予定実績会議」として実施していたが、一九五五年以降はこれを「予定会議」と「実績会議」に分割し、事前と事後とがより明確に比較出来るようにした。この会議には各取締役、各工場長、関係部長が出席した。

また一九五三年一月には本店、各支店および出張所間の連絡会議として全国販売会議が発足したが、一九五五年一月からこれを「業務連絡会議」に改め、毎月一回開催して全社一丸の色彩を強くした。

このように道面は社長になってから、A社の経営組織の改革を矢継ぎ早に進め、これまでの鈴木（創業）家による同族色の強い経営から、時流に合った民主的な近代経営へと変えていった。

## 海外視察と海外拠点づくり——戦後初の米国入り

### 一九四九（昭和二十四）年〜

一方、外に向けては、ＭＳＧの輸出再開で確かな手応えをつかむや否や、国際市場の実情を自分の目で確かめるため道面は先頭に立って海外視察を開始した。

戦争という特殊事情とはいえ、日米開戦の直前から戦後しばらくの間の海外渡航禁止は、国際的な視点を持つ経済人にとって不自由で耐え難いものだった。

それだけに「早く国際的な諸状況を正確に把握し、将来に向けての経営戦略を展開したい」「戦争で消失した時間を早く取り戻したい」と、道面は内心で非常に急いでいたのである。

幸い政治・経済がようやく復興の兆しが見えてきた一九四八（昭和二十三）年末に、民間人の海外渡航が制限付きながら解禁になった。まるで道面の社長就任を祝うかのように、就任と同じ年での解禁だった。

これを待ち望んでいた道面は心底から喜んだ。行き先の一番目には当然にも米国ニューヨークを選び、さっそく準備にとりかかった。

道面豊信・玉子夫妻は一九四九（同二十四）年二月、羽田空港から米国へ向けて戦後初めて出発した。戦前には何度も経験した日本と米国との往来は船舶による片道約三十日の旅だった。約十年を経た今回は、それが飛行機に代わり、所要時間も十分の一以下になっていた。

飛行機の発達により世界は狭くなり、人や物資が大量にしかも早く運べる時代が到来したことを、他の民間人に先駆けて体験した。

米国入りした道面は妻玉子を同伴して、ニューヨークを中心に約二カ月間かけて各地を回った。戦前に交流のあった経済人や財界人、多くの友人、知人とも久し振りに再会した。

そうした中に、ロックフェラー一族のリーダー、ジョン二世や、ＤＤＴ生産のきっかけを作ってくれた旧知の実業家も含まれていた。

行く先々で会うこれら米国人の多くが、昔と変わらぬ友情を持って二人を迎え入れた。同行した妻玉子も米国の実業家夫人や知人たちと再会し、感激の連続だった。日米開戦による空白の時間はたちまち縮まり、忌まわしい記憶が昇華してしまう感覚さえあった。

今回の主目的である米国での市場調査にも取り組み、手応えを感じた。

道面はＡ社の本命商品のＭＳＧを中心に、米国市場での今後の可能性を探った。その手始めに、戦前に取り引きのあった食品大手の「ハインツ」や「キャンベル」を訪問し、トップと直接会った。以前にＡ社のＭＳＧを使用していたこれら米国の食品各社は、戦時中はＡ社製品が入手できないため、米国メーカーによるＭＳＧ（代表的な商品名はアクセント）を使用していた。

各地で複数の食品各社を調査しているうちに、米国内では全体にＭＳＧが量的に不足していることや、今後ともＭＳＧの需要増大が見込めることなどが判明した。道面はこの時点で「Ａ社が戦前のように米国に拠点をつくれば、商売は成り立つ」と確信した。しかもその形態として、小口の家庭用よりも「当初は大口需要家向けのバルク（業務用大型容器入り）の方が得策だ」との具体的な結論を出し、すぐに取り組んだ。

第二回目の渡米は同年十一月十八日からの約二カ月間だった。最初の渡米の時と同様に主としてMSGの市場調査をするほか、長期戦略の一つとして米国からの原料確保の可能性を探ることも目的にしていた。戦前には米国西海岸地域のシアトルに事務所を置いてカナダ産小麦を輸入した経験があるが、米国内にも小麦、とうもろこしなどの穀物類が豊富にあり、原料供給国としても魅力に満ちていた。

また第二回目の渡米で道面は、同業の米国MSG生産メーカーのトップを相手に、次のように話しかけている。

表向きは同業者への表敬訪問の形をとっていたが、道面は「MSGはもともとA社が開発し、米国市場を開拓したのだから、近いうちに必ず（A社は）帰ってくるでしょう」「あなた方はMSGを決して安売りせず、適正な利益をあげて、それを宣伝費に使い、潜在力のある市場を広げた方がベターですよ（それだけMSGは将来の成長力のある有力商品ですよ）」と説いて回った。

別の場所では昔の知人である同業者のトップに対して、「お互いフェアプレーでいきましょう」と道面は呼びかけた。これが道面のモットーとして現在に至るまでA社内に伝え残されている言葉「フェアプレーの精神で」の原点である。

これらはいずれも今風に言えば、米国に再び店を開き、商売を始めるのでよろしく、との上品な〝あいさつ〟であり、商売敵《しょうばいかたき》への仁義だったといえる。

両国間の武力での日米戦争はすでに終わったが、道面はこれに学ぶところがあったのか、商売上の日米再開戦にあたっては慎重なあいさつと根回しを実行したのである。真珠湾でのような、宣戦布告なき奇襲作戦だけは避けたかったのかも知れない。

第三回目は一九五二（同二十七）年三月十五日から約二カ月半かけてで、まず米国で用件を済ませた後に、戦後としては初めて欧州に足を運んだ。

戦前からのA社による懸命の努力もあってMSGをすでに使用していた米国とは違い、ヨーロッパ各国ではMSGはほとんど使われていなかった。第二次大戦中のヨーロッパ戦線で、米軍と欧州軍が合流した際にスープのうまさの差からMSGの使用効果を一部の国が認識し始めた程度だった。

道面はさっそくヨーロッパに拠点を持つ食品大手のクノールとマギーの両社を訪問し、A社のMSGを積極的に売り込んだ。

クノールは米国からMSGを輸入し自社製品に使用した経験があったが、マギーはMSGを全く使用したことがなかった。

道面はクノールには品質的な優秀さを強調してA社のMSGを売り込んだ。A社のMSGと他社製のMSGとを比較研究し、実際に使ってみる試用を勧めた。そのための協力も申し出た。

一方、MSGの使用経験がないマギーに対しては、マギーのスープとMSG使用のスープの二種類を比べながら目の前で飲んでみせた。マギーの幹部たちと一緒だった。道面が判定を下さずとも、その差は歴然としていた。幹部たちの顔色がまっ青になっていた。それが何よりの証明だった。

静まりかえった場を見渡しながら道面は「あなた方は自分の会社が大きく名前も通っているから自社の製品の方がたくさん売れている、と思っているとしたら大きな間違いです」「A社に多くのMSGを注文してくれる競争相手の製品の方が、良く売れているように思うのですが……」と率直に語った。その直後、マギーはA社にMSGを大量に注文するようになった、と道面は自慢げに回顧している。

こうして道面による米国および欧州各国への海外視察旅行は、その後の海外戦略の展開に直接結びつく大きな成果をあげた。

道面だけではなく、海外担当の役員たちも複数回、東南アジアや米国に手分けして視察旅行に出かけた。それを合計すると、一九四九—一九五二年の約四年間に九回もの海外市場視察が行われたことになる。いずれもA社の国際化を見据えた道面の指示によるものだった。

## 海外拠点づくり

海外へのＭＳＧの輸出拡大や海外市場視察の度重《たびかさ》なる実施と並行して、Ａ社の海外事務所の復活・整備も積極的に進められた。

まずは米国から始まった。一九五一（昭和二十六）年九月にロサンゼルス事務所を再開したのを皮切りに、それまでニューヨーク駐在所として様子見していた拠点を一九五三年三月にはニューヨーク事務所に昇格させた。米国の東西の海岸寄りに位置する両事務所は、ＭＳＧの販売と原料確保の業務を担当させ、以後も米国での二大拠点としてその役割を持続している。

ニューヨーク事務所の場所は、道面が戦前に初めて事務所を構えたダウンタウンの一角、「ブロードストリート」30ビルだった。

ニューヨーク証券取引所に隣接し、近くに銀行や証券会社が密集するウォール街があるなど、まさに米国の心臓部ともいえる金融の中心地に位置する。

戦争によるブランク後に、ようやく再開することになった米国市場への道面の意気込みと執念が感じとれる。

日系人の多い南米では、一九五四（同二十九）年十一月にブラジルのサンパウロに事務所が開設され、ＭＳＧの販売活動が始まった。

同年同時期にはアジアのバンコク（タイ）、シンガポール、香港（中国）に事務所を開設し、営業を始めた。

さらにヨーロッパでは、ヨーロッパ各国の代理店を統括して、より効果的に販売促進を図るねらいで、フランスのパリに事務所を開設した。

こうして終戦から九年後、海外渡航が解禁されてからわずか六年後にＡ社の主要な海外拠点が確立され、国際企業としての足場を築いたことになる。

その結果、一九五二年度のＡ社のＭＳＧ輸出量の合計は千七百二十一トンに達し、戦前の最高水準である一九三七年の千五百十トンを上回った。

## 三代三郎助の復帰――相談役から会長へ

この間、GHQの戦後政策による公職追放でA社を離れていた三代鈴木三郎助・前社長のA社への復帰があった。

三代三郎助は一九四七年五月にA社の社長を辞任する際、後《あと》を託した専務・道面豊信に「(問題が解決したら）自分は社長に復帰する」と伝えていた。道面はこれを「約束」として記憶し、受けとめた。

その約三カ月後の一九四七年八月に三代三郎助は実際に公職追放となり、三年余り何の職にも着かない〝浪人〟生活を送った。

そして戦後の一つの節目を迎えた一九五〇（昭和二十五）年十月に追放解除となり、晴れて自由の身になった。さっそく同年の十二月にA社の相談役として古巣に戻った。あくまで本格的な復帰までの仮の処置だった。

さて、その後の三代三郎助をどういう形で復帰させるか。当面はブランクを補充するため、相談役として気楽な立場で充電するとしても、その後をどうするか。

「(財閥問題の解決後に）社長に復帰する」との事前の約束はあるが、これはあくまで当時専務の道面が社長の席を空白にしたままで三代三郎助の早期の復帰を待ち、再び三郎助を社長として迎える、との筋書きを前提にしていたものである。

が、実際には三代三郎助の追放期間は三年強と予想以上に長期化し、その間に戦後経済の激しい変革の波がA社の社長空白を許さず、道面は大きな流れの中で一九四八（同二十三）年五月に社長に就任し、経営の陣頭指揮を取ることになった。

その少し前の一九四六（同二十一）年には経営近代化の一還としてA社は株式公開を実施した。その結果、それまで約五〇％あった創業家鈴木同族の株式保有比率は、翌一九四七年初めには約一五％に低下し、その後も下げ続けた。

株式公開と道面豊信の社長就任――この二つは、それまでの鈴木家による同族企業からの離脱を促《うなが》し、近代的な企業へと飛躍させる〝両輪〟になったといえる。

こうした大転換機に立って、社長の道面と帰ってきた三代三郎助は、これからの三郎助の復帰の形と二人の役割分担について苦心した。

道面は三代三郎助との「社長復帰」の約束を忘れたわけではない。しかし一方で、経営近代化の流れは早く、一刻たりとも停滞は許されない。社長になってから矢継ぎ早に実施してきた国際企業への具体的な施策をしばらく続け、その成果を見届けたい、との気持ちも強かった。

そこで道面が考えついたのは米国流の経営手法の一つである「会長」職の導入だった。米国企業では会長＝チェアマン、社長＝プレジデントが存在し、会長がＣＥＯ（最高経営責任者）として社長よりも上の権限を持ったり、役員会の議長を務める例が多くみられた。

だが日本には戦前はもちろん、戦後間もないころとも、こうした慣習や制度はほとんどなかった。

道面は三代三郎助と相談のうえ、一九五二（同二十七）年八月の定時株主総会で取締役「会長」を新しく置けるよう定款を改定、三代三郎助をさっそく取締役会長として迎え入れることにした。諸事情により当初予定とは少し変わったが、社長への復帰とあまり遜色がない形で落ち着き、〝約束〟は一応守られた、といえる。

すべては道面の采配《さいはい》だったが、以後これを見習って会長職を設ける企業が日本に続出した。最近では社長経験者が後進に社長職を渡し、自分は会長になる例がすっかり定着した感もあるが、この先鞭《せんべん》をつけたのはほかならぬA社の道面だったのだ。

A社にとって初の「会長」職を自身が受け入れる際に、創業家の三代鈴木三郎助の心中に迷いがなかったわけではない。

道面社長（左）と三代三郎助会長
1965年制作の社内報より

三代三郎助は、一九一七（大正六）年に米国ニューヨークで道面と初めて出会って以来、道面の語学力はもちろん、商売感覚を含めた人間全体を高く評価し信頼していた。

だからこそA社への入社を誘い、すぐにニューヨーク駐在を任せたし、日米開戦を前に帰国させ本社の役員として迎え入れたのだ。

終戦直後には、道面がいたからこそのＤＤＴ生産委託がＡ社に舞い込み、そこで時の絶対権力・ＧＨＱを相手に道面が見せた卓越した交渉力は、三郎助はもとよりＡ社関係者の誰もが認めるところだった。

さらにはＭＳＧの輸出再開や国内販売の統制解除、自由化問題などでも、道面の交渉力はＧＨＱおよび日本政府などを相手に存分に発揮された。

何よりもＡ社に復帰した三郎助を驚かせたのは、道面が社長になってから次々に実施したＡ社の経営改革の斬新《ざんしん》な内容だった。

一般公募による新規社員の採用、円形テーブルの導入による社内会議の合議制の確立などは、創業家の三郎助には持ち合わせていない発想だった。道面は社長に就任してすぐに、これらを迷わず時間をかけることなく実行していった。海外市場視察の実施と海外拠点づくりも早かった。

しかもこれらは、Ａ社を国際的な広がりを持った世界企業へと発展させよう、との将来展望に基づく戦略の一環だった。

三郎助は考え抜いた。自分は以前の発言通り社長に復帰すべきか、それともこのまま道面に社長を任せるべきか。

創業家を背負う身としては社長復帰の道は確かにある。しかも鈴木家の親族会議や会食会などの席上ではしばしば三郎助の社長復帰＝〝大政奉還〟を望む声が出ていた。株式公開により、鈴木同族の株式保有比率が年を追うごとに低下していることも不安の一つだった。

一方、道面社長が推進している一連の経営改革は、新しい時流に適応しており、将来のA社の飛躍的発展に欠かせない内容であることを三郎助はよく理解していた。

悩んだ末に三郎助は「ここで道面の勢いを止めるべきではない」「社長は道面のままにして、自分は道面を支える役に回った方が会社全体にとってベターな選択になる」と結論付けたのである。

こうして三代三郎助は、道面が誠意をもって新設した取締役会長の席に、納得して就任した。以後、一九六五（同四十）年五月までの約十三年間、三代三郎助「会長」―道面「社長」の強力コンビが継続し、A社発展のリーダーシップを発揮したのである。

道面社長によるA社の経営組織・体制の変革が一段落した後、ある雑誌社のインタビューで経営のコツを聞かれ、道面は端的に「各人に十分《じゅうぶん》その能力を発揮させることだ」と答えている。いまで言うと「適材適所」の人事のもとに人を配置し、動かし、能力を出させることにより、会社全体の発展を図る手法を選択したのである。「会長」の新設もその一つととらえることができる。

第二次世界大戦後の複雑な国際情勢の中で、戦後日本が再出発しA社が再起・発展するために、適材適所によって多数の優秀な人材の能力と知恵を生かそう、とする道面の経営手法は極めて有効かつ適切だった。

その意味でA社は、この時代に最も適した経営者・道面豊信社長をトップにしていた、といえよう。

## 道面社長の典型的な一日（昭和三十年前半）

ここで道面豊信社長の典型的なA社での一日を再現してみたい。社長として脂が乗ってきた時期の、初夏のスケジュールを想定した。

日本政府が一九五六（昭和三十一）年版の『経済白書』の中で「もはや戦後ではない」と宣言し、戦後の復興期から脱出して新たな経済成長期にさしかかり始めた一九五〇年代後半（同三十年代前半）ころのある一日の行動である。

以下は、道面社長在任の十七年間を秘書として勤めた田中治子から、時間をかけて聞き込んで作成したものである。

〔道面社長の一日〕

午前九時　〔出社〕東京・世田谷区等々力の自宅を社の迎えの車で出発、約三十分で中央区京橋の本社に到着。午前九時までには必ず社長室に入り、葉巻タバコに火をつけ、用意された日本茶を飲みながら日本経済新聞を中心に朝日、読売などの各紙に目を通す。

午前九時三十分　〔決済〕稟議《りんぎ》書や各種決済書などに自筆でサイン。縦書きは漢字の「道面豊信」、横書きはローマ字の「T.DOHMEN」の全体をマル印で囲む形式がほとんどで、印鑑は原則として使わない。

午前十時　〔経営会議〕円形テーブル（円卓）を囲みながら、担当役員らによる経営会議（後に常務会）を開く。営業、経理、海外、工場などの各担当者からの報告を受け、必要に応じて議論やその場での決議、社長指示を行う。

短い時は一時間ほどで終わるが、普通は約二時間かかる。正午までには必ず終了する。

正午　〔昼食〕本社ビル内の食堂でカレーライスやステーキランチなどの洋食を中心に、スープとサラダを付ける。デザートには好物のイチゴを多く選択。

午後一時　〔来客応対〕特約店、銀行、仕事関係の友人・知人など、来客数は極めて多かった。米国を中心に外国人客も多く、その中に米国のダレス国務長官も一度だけ含まれていた。

午後二時　〔外出—各種会合に出席〕関係業界の各種団体・協会などの理事会や総会に出席するため車で外出。当時関係していた主な団体とその時の肩書きは次の通りだが、中小団体を含めると合計二十以上になる。

グルタミン酸ソーダ工業協会会長、日本化学工業協会常務理事、日本国際広告協会会長、日本マーケティング協会会長（初代）、日本特許協会会長、社団法人経済団体連合会常任理事、社団法人日本貿易会常任理事、財団法人日本生産性本部理事、日本経営者団体連盟常任理事、社団法人日本シオス協会会長、社団法人発明協会会長、財団法人国際文化振興会理事など。

すこぶる健康だったので、午後の来客や各種団体の会合には積極的に対応、参加した。

午後四時三十分　〔社内事務打ち合わせ〕

翌日や翌週のスケジュールを確認したり、団体での会合の内容等を担当役員に伝達、その処理を指示。やっと一日の主要業務を終えて、ホッとひと息つきながら葉巻タバコをくわえる。

午後五時　〔退社、接待〕原則として午後五時に退社。社長室を離れる際には、いつも葉巻一本と灰皿用のアルミケース、小型のマッチ箱を背広のポケットに入れて持ち歩いた。

週に二、三回は得意先を招いての接待や逆に関係先からの招待があり、そこに車で直行。場所としてはホテルや洋風レストランの個室を選択し、いわゆる奇麗《きれい》どころ（芸者、仲居など）を伴ったお座敷での和風宴席は徹底的に回避した。

〔その他の予定〕一カ月に一回の割合で取締役会を開き、月二回程度は主力の川崎工場を視察するほか、二カ月ごとに全国の支店巡りや地方の得意先を接待するために出張した。名古屋、大阪、広島、福岡、仙台、札幌など全国主要都市をカバーした。

年に二、三回は米国、欧州、東南アジアの各国に海外視察などのため出かけた。

〔服装〕出社する際には春夏秋冬（一年中）必ず白いワイシャツとダブルの背広を着用し、季節や場所に合わせていつもしゃれたネクタイを締めた。

〔会話と姿勢〕単刀直入のまじめな話し合いを好み、冗談やジョークは通じない。自分の考え方をしっかり持ち、筋を通した。あくまで強気の構えを崩さず、簡単には引き下がらない。その裏付けとしていつも物事をよく考え、それを点検していた。

自分とは違う考え方の相手の話でも、最後まで静かに耳を傾けて聞き終え、それからおもむろに議論を戦わせた。

〔趣味〕これという深いものはないが、スポーツでは米国時代からのゴルフを日本でも続けていたほか、たまには大相撲をテレビで見たり、プロテニスのプレーを田園調布に出かけて観戦した。

高校野球は、当時強かった広島商業高校（広商）が道面の母校だったこともあり、春と夏にはテレビを見ながら応援した。そして社長室に入ってきた秘書に「この広商がぼくの出身校だよ、どうだ強いだろう」と自慢げに話しかけた。

趣味というよりは嗜好《しこう》品だが、最も目立ったのは葉巻タバコを毎日愛用していたことで、平均して一日に三本の葉巻を吸った。銘柄はマニラ（フィリピン）製と決めており、これを切らさないように毎週のように帝国ホテルの売店に買いに出かけ、社長室に備えておくのが秘書の大切な仕事だった。

一箱に二十本か二十五本（五の倍数）の葉巻タバコが入っており、これらが一週間ないし十日間で紫煙となって消えた。

米国時代から始まり、日本での生活を通じて、葉巻タバコこそは道面の生涯の〝無二の友〟だった、といえるかも知れない。

# 〝葉巻タバコ三人男〟伝
## 一九五〇年ころ

葉巻タバコに関連して、次のような逸話が現在に至るまで伝承されている。それは「いま（戦後すぐ）の日本で、葉巻がよく似合う男はマッカーサー元帥、吉田茂首相、道面豊信社長の三人だ」という説である。

確かにこの三人は葉巻をこよなく愛し、それぞれ葉巻をくわえているポーズの写真が多く残されており、その姿は様《さま》になっていた。長い間の積み重ねにより自然に仕ぐさが身に着き、葉巻のくわえ方、火の着け方、煙の出し方などが他人から見て美しく格好よく映るようになったのだろう。

この三人は年齢も近く、いわゆる終戦間もない混乱期にそれぞれの分野のトップとして活躍したという共通点がある。誕生日の早い順番に並べると吉田茂、マッカーサー、道面豊信の順になる。

『にっぽん人物画』
近藤日出造、オリオン社、1964年

吉田茂（一八七八―一九六七年）

外交官、政治家。戦前は外務次官、駐英大使などを歴任。戦後は外務大臣の後、一九四八―五四年に首相、五一年にサンフランシスコ講話条約に調印。親米政策を中心に、戦後日本の基本路線を定めた。

ダグラス・マッカーサー（一八八〇―一九六四年）

米国の軍人、元帥。太平洋戦争開戦時の極東軍司令官、後に西南太平洋連合国軍総司令官。日本降伏後は連合国軍総司令部（GHQ）最高司令官として日本に駐在、占領政策を推進した。

道面豊信（一八八八―一九八一年）

民間経済人。米国ニューヨークを中心に三十年強の間米国で活動した後、日米開戦を前に日本に帰国。終戦直後にDDTの委託生産やMSGの原料自由化および輸出問題、外貨割当等でGHQと交渉を重ねながらA社および産業界の復興に尽力。一九四八年に社長に就任、以後一九六五年までの十七年間、社長としてA社の国際化、経営多角化などを陣頭指揮し、近代的な国際企業の基礎作りに貢献した。

ところで「葉巻が似合う三人男」という〝風評〟の出所はどこで、誰が火付け役なのか。いろいろと探ってみたが、なにしろ六十年以上前の混乱期のことなので、それを伝える文献や文章は何も残っていない。もちろん、それを証言する人もいない。

以下はあくまで推理だが、常識的に考えるとマッカーサーは米国人であり、最高の権力者として日本に君臨していたのだから、本人もその周辺の人にも〝三人男〟の発想は持ち合わせていない。いくら葉巻についての軽い話とはいえ、立場や格が違う日本人二人と同列に扱うような表現をするはずがない、とみるべきだ。

吉田茂は時の首相で超多忙な人物。しかも名だたるワンマンで政治の世界に専念しており、基本的に民間の経済人とは接点が少ない。したがって〝三人男〟説の出所と考えにくい。

そうなると〝三人男〟の風評の源は道面本人か、その周辺ということになる。

あれこれ推測すると、ことの流れは次のような状況だったと思われる。

朝鮮動乱（一九五〇年六月〜）が勃発《ぼっぱつ》してから少し後、A社は戦後の混迷からようやく脱却し、MSGの本格生産・販売を中心に企業の再建・復興の見通しがつきつつあった頃のある日のこと。

道面はA社製品を数多く扱う得意先の一つを東京都内のホテルに招待し歓談した。

接待されたのは食品卸会社の社長を含めた三人だが、宴がたけなわになったころ、道面は葉巻タバコをとり出してゆっくりと火をつけた。すると三人の中の一人が「道面社長はいつも葉巻を愛用しているようですが、実にお似合いですねェ」とお世辞を込めて話しかけた。

さらに追い討ちをかけて「そういえば、いまの日本で葉巻で目立つのはマッカーサー元帥と吉田茂首相ですなァ」と言いたした。あとの二人もこれに同調して「本当にそうだ」「偉い人は葉巻を吸うし、またそれが様《さま》になりますなァ」「道面社長を入れて、葉巻三巨頭というところですか」とあいづちを打った。

こうした会話により、その場の宴席は一気に盛り上がった。

道面は普段はきわめて冷静で、周囲からのお世辞や持ち上げ話には全く動じないタイプだが、この宴席での招待客からの言葉はひどく気にいった。たわいない趣味・嗜好品の葉巻にまつわる話に過ぎないが、それ故にまた、軽い気持ちで多くの人に話せるし、その内容は文字通りタバコの煙のごとく軽く空中に放出され、すぐ消えていく。何の罪《つみ》もない。

接待した得意先のお客の口から出た言葉ではあるが、「葉巻が似合う三人男」には、道面の心を大きく揺さぶるものがあった。

それは自分の中で深く静かに抱いていたプライド、自尊心に関係していた。

振り返ってみると道面は、日本で高等学校を卒業すると間もなく、志を立てて単身で米国に渡り、アルバイトをしながら米国の大学を卒業、現地の日系企業に就職した。その後、三代鈴木三郎助との運命的な出会いを縁にA社に入社することになり、ニューヨークを中心に営業活動や原料小麦の買い付け業務などに取り組んできたが、不条理にも日米開戦を前に日本に帰国、日本が敗れて戦後を迎えた。

荒廃した日本にはGHQが君臨し、占領政策を強行する中で、道面は経済人として毅然として言うべきことは主張し、筋を通してGHQや日本政府と交渉しながら、日本の産業界およびA社のために尽力してきた、という自負がある。戦後、ＤＤＴの生産をはじめ、外貨割当、原料統制の撤廃などの難題に、得意の英語と交渉力を駆使してこれらを乗り越えてきたほか、海外渡航が解禁されるや民間経済人としては最初に米国に市場調査に出向き、日本企業の国際化への先陣を切った。

政治の世界のように派手に取り上げられることはないが、民間経済人として自分の企業を足場に戦後日本の産業界の復興のために全力を注いできた。各種業界団体の会長（代表）や理事（役員）を二十以上も兼務していたのはその証左といえる。

また、欧米先進国に学ぶための各種の経済視察団の団長として、日本を代表する企業の社長たちを大勢連れて海外に出かけた。その回数は主なものだけでも十指に余る。これらは日本企業全体の体質強化と国際化に役立った。

道面は自分から言い出すわけにはいかなかったが、内心では「戦後日本の建て直しにかなりの影響を与えた」との手応えを持っていたに違いない。戦後の日本を代表する民間企業経営者の一人である、との自負さえ持っていたといえる。

そうした中でたまたま、得意先との宴席で出された「葉巻の似合う三人男」の話は、道面の琴線《きんせん》に触れた。心の奥に秘められていた微妙な心情が揺れ動いたのである。

確かに「政治」と「経済」の世界ではその影響力は異なる。マッカーサー元帥と吉田首相は、その行動や実績とともに、戦後日本の復興に携《たずさ》わった人物として、歴史に名を残す。

しかし分野は異なるものの、道面も民間人としてその立場でなしうる最大限の努力をし、戦後日本の経済復興に貢献した。私的な範囲にとどまらず、公的な役割にも寄与した。「葉巻の似合う三人男」の言葉の中に、道面は「戦後日本の復興を牽引《けんいん》した三人男」と同じ意味合いを感じとっていたに違いない。

幸いにも言い出したのは善良な第三者であり、しかも葉巻タバコに関するエピソードだ。道面は翌日さっそく〝三人男〟の話を身内の秘書に話し、それが次第に社内全体に広がって今日まで伝え残されている、というのがことの真相のようである。

## 「モノ」づくり「技術」重視の姿勢――鈴木忠治の影響

米国で学んで身に着けた英語力、ニューヨークを中心に積み重ねてきたビジネス感覚や交渉力、第二次世界大戦を通じて感じとった企業のあり方や経営刷新の方向性そして国際化推進の必要性の認識――社長の道面はこれらいくつもの能力や眼力を持ち合わせていたが、もう一つ道面が重視していたのが「モノ作りのための技術力」だった。

これを語るには時代をかなりさかのぼり、A社の二代目社長鈴木忠治の人物像と、その忠治と道面との出会いを知る必要がある。道面の技術重視の意識は鈴木忠治の影響による、と言っても過言ではない。

鈴木忠治は初代鈴木三郎助の二男として一八七五（明治八）年二月に神奈川県葉山町に生まれた。早くから長男の二代三郎助（幼名泰助）と一緒にA社の創立および経営にかかわり、二代三郎助がA社初代社長の時代には忠治はずっと専務として社長を支え、二代三郎助の死後すぐにA社二代目社長に就任した。

日米開戦前の一九四〇（昭和十五）年八月に、二代三郎助の長男・三代三郎助（幼名三郎）にその席を譲るまでの約十年の間、忠治はA社の社長を務めた。

忠治の特長を簡単に言えば、横浜商業学校卒でいわゆる技術畑の出身ではないのに、「技術」「発明」「特許」をとにかく重視する技術マンだった、ということである。

兄の二代三郎助は積極性のある典型的な営業マンで、経営全般を仕切っていたがその性格上、細かい点や技術面は弱い。反対に弟の忠治は緻《ち》密で堅実な努力家で、兄の不足を補うべく未知の技術分野についても学習して〝モノ作り〟の会社を支えた。

鈴木忠治の人柄については、死後に忠治を偲《しの》んで一九五六（同三十一）年に刊行された「鈴木忠治―小傳と追憶」の中で多くの友人、知人たちによって語られている。

その代表例をいくつかあげると、MSGの生みの親とされる東大の池田菊苗博士の研究に大きな興味を持ち、忠治は自社の工場内に小さな試験室を設置して自らもMSGの工業化を研究したほど化学工業技術に熱意を抱いていた。

それがやがて実って、一九〇八（明治四十一）年にMSGの製造特許登録、翌一九〇九年からのMSG発売に結びつくのだが、その後も忠治は科学や技術の研究に関心を持ちつつ、学者や技術者を尊重し続けた。

忠治の学習意欲は人並み以上で、技術専門家と間違われるほど諸技術に造詣《ぞうけい》が深く、なまなかの学者では受け答えが出来ないほどだった、といわれている。

そのことはA社内では、モノ作りの原点である生産工場を整備し、生産現場の従業員を励し、技術研究を重視して新しい技術を確立し、良い製品を生み出す原動力になった。

忠治の技術重視、生産工場重視の姿勢は、A社内の研究および生産現場の多くから強く支持され尊敬された。いわばモノ作り現場関係者のリーダーとして頂点に立っていた。

兄の二代三郎助も、忠治の科学・技術通の長所を良く知っており、A社の中でそれを最大限に活用するように配慮した。

具体的にはA社の生産現場や技術開発の分野を完全に忠治に任せたほか、重要な経営判断が必要な事項についても、少しでも専門的な研究や細かい技術に関係している場合にはためらうことなく忠治の判断に従った。

役員たちが居並ぶ中で、二代三郎助が「この問題は専務（忠治）の判断に任せよう」と言い切る社長裁断を下す場面がしばしばあった。

社長三郎助と専務忠治との年の差は約八歳もあったが、こと技術や現場の関係事項については専務に全権を預けるなど、年下の弟を立てたのである。社長と専務の実の兄弟は、相互の長所を生かしながら、A社の黎明《れいめい》期の基礎を築いた名コンビだったといえる。

社内での忠治が発言した内容のいくつかが、後に伝えられている。

まず、忠治の信条は「製造とは、良質の品を廉価に生産するにあり。それには技術を尊重せねばならぬ」ということだった。現代風に言えば、品質のいいものを安く作ることが大切で、そのために一《いち》にも二《に》にも技術である、これがモノ（物）作りの原点である、となる。忠治はこの信条を、機会あるごとに繰り返した。

さらにこれに関連して「特色あるものを作るようにしなければ、事業は安定しない」とも言っていた。よそ（他社）で出来るものをやってはだめだ、独自商品を持つことが大切だ、というわけである。

もう一つあげると、「特許公報を読まない技術者は怠《なま》けものだ」と公言した。技術、発明、特許を重視する忠治らしさが出ているといえるが、これを聞いた技術者の多くは緊張したに違いない。

鈴木忠治はまた、優秀な息子たちに恵《めぐ》まれたことでも知られている。長男三千代を筆頭に、次男松雄、三男竹男、四男義雄、五男治雄、六男正雄、七男秀雄、八男泰雄の八兄弟はそれぞれ産業・財界、学界、官界などの各分野で活躍し、いずれも各分野のトップに登り詰め成功している。一時期は〝鈴木八兄弟〟と言われ、世の羨望《せんぼう》の的《まと》になったほどである。

## 忠治、米国でのMSG生産――失敗に終わる

道面豊信が鈴木忠治と親しく接し、忠治の影響を受け始めたのは一九二五（大正十四）年の十二月だった。もちろんそれ以前にも、道面が米国から日本に一時帰国した際には当時A社専務だった忠治にあいさつ程度の会話を交わしていたが、忠治の物の考え方や見識、ひいては人格等にふれる機会を得たのは道面がA社に入社してから七年余り経過したこの年だった、と道面自身が述懐している。

一九二五年の暮も押し迫った頃、鈴木忠治は池田菊苗博士、忠治の長男鈴木三千代と一緒に米国市場調査のために船で渡米した。その時、米国シアトル市に駐在中の道面がサンフランシスコ港で忠治一行を出迎えた。

忠治一行の渡米には明らかな目的があった。それは日本から米国向けに輸出していたMSGを、米国内で直接生産し、MSGの販売量を全米で飛躍的に拡大することだった。

話の発端はこうだ。一九二五年に東京の駐日アメリカ大使館を通じてA社に、「米国オハイオ州トレド市に住む甜菜《てんさい》糖製造業者のラロー氏が、甜菜（ビート）糖の糖蜜からMSGを抽出する方法に成功した。ついてはその製品を買わないか」との話が舞い込んできた。ラロー氏が開発した技術とは、甜菜糖の廃液を塩酸で分解してMSGを製造するもので、すでに実験室の段階では成功し、

オハイオ州ロスフォードでの工場生産を計画していた。

甜菜糖の廃液からＭＳＧを生産する技術は日本でも早くから研究され、池田博士の弟子がすでに製造特許を取得していた。

製造方法はすでに解明済みで、しかもコスト的に有利と考えられるため、忠治は社長の二代三郎助の了解を得たうえで、一大決心をして米国の現場に乗り込んだのである。何とかして米国でのＭＳＧ生産を実現させよう、との強い思いを抱いていたのだ。

池田博士を連れ出したのは製造技術面での確証を得るためであり、長男三千代には海外での交渉の場を踏ませるのがねらいだった。

忠治一行は現地での原料事情や生産体制を詳細に点検すると同時に、現地の研究所や関係者を含めたラロー氏側と協議を重ねた。そして翌一九二六年の五月二十日、日米双方で資本および技術に関する提携契約を締結、合弁会社「ラロー鈴木会社」を設立してＭＳＧを生産、販売する予定だった。当時、このためにＡ社が出資した金額は四十万米国ドルと記録されている。

こうして大きな期待をかけてスタートした米国での合弁によるＭＳＧ生産計画だったが、結果的に成功しなかった。その原因は、糖蜜からＭＳＧを製造する際に使用する塩酸の取り扱いとそれが発生する塩酸ガスにあった。塩酸は製造施設や機械器具を早く腐食させるため、生産を長期に継続することが出来なかった。

また塩酸が発生する塩酸ガスはかなりの悪臭のため、製造現場の従業員はこれを嫌い働く意欲を失った。

忠治や池田博士は、塩酸法を改良したり、塩酸の代わりに硫酸を使用する加水分解法を提案して試みたが、いずれも効果があがらなかった。工場は休眠したまま、しばらくの間は放置された。その後、双方間でケリをつけるために協議を重ねた結果、一九三六（昭和十一）年十月に契約を破棄し、ラロー鈴木会社は解散した。

こうしてA社はかなりの時間をかけながらも結局は多額の損失を出し、米国でのMSG生産の初の試みは完全に失敗に終わった。忠治はこの失敗について大いに悔しがり、第二次世界大戦中には「戦争が済んだら、もう一度アメリカに出かけて行って必ず成功して、（前の失敗を）取り返したい」と周囲に公言していた。

忠治の米国入りを現地で出向え、合弁によるMSG生産のいきさつとその結末の一部始終を見ていた道面は、忠治の気持ちを痛いほど理解できた。そして道面の胸中にはいつしか「自分が米国でのMSG生産を実現させよう」との思いが醸成されていったのである。

A社の米国地域（南米を含む）でのMSG現地生産の元を辿《たど》ると、戦前に忠治がオハイオ州で仕かけた貴重な伏線があり、それを引き継ぐ形で戦後すぐに再挑戦へと動いた道面の行動力があったのである。

## 技術関係者との懇談会――忠治から道面へ引き継ぐ

技術者を厚遇し、研究に惜しまず資金を出す忠治の姿勢は、一九三一（昭和六）年に兄の二代三郎助が死去して忠治が満五十六歳で社長を引き継いだ以降も何ら変わらなかった。

その典型的な例は、ある時は自宅で、またある時は熱海の別荘で開いた忠治と技術陣との懇談会の開催である。不定期ではあるが、忠治の選んだ休祭日の午後に、A社の技術関係の役員、管理職、場合によっては担当の技術系社員、研究責任者などの複数人を呼び集めて、当面の技術問題や将来予想される研究・技術の課題などについて自由に話し合った。

軽い飲食を伴いながらの広い意味での情報交換や雑談が主だったが、たまには議論が白熱して、夜まで続くこともあった。忠治は技術者たちの話をよく聞くと同時に、自分の意見を披露してその反応を確かめる場面もしばしばあった。

忠治を囲む技術陣の会合は、忠治が社長を辞任し、社長の座を三代三郎助に譲ってからも続いた。そして戦後になり、一九四八（同二十三）年五月に道面豊信が社長に就任した以降でも、熱海の忠治の別荘での技術懇談会は継続していた。

かねて忠治の技術・研究重視の姿勢に敬服していた道面は、社長就任後も自ら望んで熱海での技術懇談会に出席していたのである。

一九五〇（同二十五）年の新春に、熱海の忠治別荘で総勢十三人が集まった技術懇談会参加者の集合写真の中に、鈴木忠治と道面豊信の元気な姿がある。年明《としあ》けのあいさつ会を兼ねていたためか、全員が晴やかである。

しかし同年、年の瀬が押し迫った十二月二十九日に忠治は熱海市で満七十五歳の生涯を終えた。新春に熱海の別荘で撮った技術懇談会メンバーのこの写真が、忠治と道面が一緒に写っている最後の一枚になったのである。

だが、技術懇談会自体は忠治なき後も道面によって続けられた。道面は東京・世田谷区等々力の自宅に技術関係者を呼び集め、忠治の時と同じ趣旨で懇談会を開き続けたのだ。

その際、道面の妻玉子が軽い飲食を振る舞い、歓待するのが恒例だった。米国ニューヨーク郊外のペラームでの、自宅接待の経験が大いに役立った。

## 技術重視――道面社長時代に開花

鈴木忠治から引き継いだ「技術重視」の姿勢は、道面社長の時代に多方面で役立ち開花した。A社の看板商品MSGの製造法をみても、当初に主流だった「抽出法」は技術陣の努力で毎年のように改良され、より効率の上がる製法へと進化した。

これと並行して、より簡単にMSGを生産できる「発酵法」の実用化の研究、開発も進んだ。さらにコスト面や量産体制に有利な「合成法」によるMSG製造の研究にも取り組んだ。A社のMSGの優位性を維持するため、技術陣を豊富に動員して先々の布石を打ったのである。

また、A社の経営多角化の展開にも技術は貢献した。MSGの関連商品として、一九六〇（昭和三十五）年に「味の素プラス」が、一九六二（同三十七）年には「ハイ・ミー」などの複合調味料が発売された。

前者はMSGに二％のイノシン酸ナトリウム（鰹節のうま味成分）をコーティング、後者は一二％のイノシン酸ナトリウムをMSGにコーティングしたものである。

同様に一九六〇年には精製塩をMSGでコーティングした「アジシオ」が発売された。これらはいずれもA社の看板商品MSGをベースにしたMSG関連商品だが、それ以外にもMSGとは関係なく多くの商品が開発・販売され、A社の多角化路線の基礎を築いた。いずれも技術が背景にある。

代表的な商品をあげると、サラダ油、コーンサラダ油、ごま油などの食用油、MSGの原料である脱脂大豆を使った「味液」や家畜向けの飼料、小麦やとうもろこしを原料にした澱粉製品、中でも食用および繊維用として用途の広いコーンスターチ（とうもろこし澱粉）などがある。

だが特筆すべきは、後にA社の主力商品になる各種のアミノ酸事業が、一九六五（同四十）年にすでにスタートしていたことである。

「発酵法」によるアミノ酸の代表格の「リジン」は同年九月に九州（佐賀）工場で生産を開始した。続いて「スレオニン」「グルタミン」「バリン」「イソロイシン」「モリアミン」などのアミノ酸関連製品が相次いで開発され、生産・販売された。

アミノ酸の用途は大別して医薬、食品、飼料の三分野に分類できるが、いずれの分野でも応用範囲が広く、その裾野の潜在需要は極めて高い。

A社が現在、食品の多角化のほか、各種の医薬品や健康飲料、最近は化粧品の分野まで手を広げているのは、鈴木忠治——道面豊信時代からの〝モノ作りのための研究および技術重視〟の姿勢が継承され、MSGの生産がアミノ酸事業の展開に極めて密着していた、という要因が背景にある。

研究および技術重視の裏付けとして、研究開発費の継続的な増大がある。

戦後一貫して、必要と思われる分野への投資は惜しまず続けてきたが、例えば一九六二（同三十七）年に十億だった研究開発費が一九六七年には二十億円に増大するなど、五年間で倍増した。その後も毎年、研究開発費は増え続けている。

新しく採用した社員の構成をみても、技術系が次第に増加している。その範囲はこれまでの化学、農芸、医薬などの大まかなものから、次第に微生物、バイオ、ライフサイエンスなどの特殊で細分化された分野の研究に専念できる技術者を採用するようになった。中にはこんな分野にまで、と思うものも含まれている。

毎年続けてきた新人採用で、年によっては技術系の大学卒の人数が文科系のそれを上回ることがたびたびあった。一九六〇（同三十五）年代には、A社には技術系の博士（ドクター）の肩書きを持つ社員が百人を超えた、と言われていた。専門分野に優れた〝勇者〟たちが社内にごろごろいた、というわけだ。

また、就職希望の大学生のアンケート調査では、技術系学生による人気企業の上位にA社がランキングされることが頻繁にあった。技術重視の会社、とのイメージが広く定着した証拠であり、現在まで続いている。

## 日本語のおぼつかなさ——二つのエピソード

大学、就職の青年期を米国で過したため、日本語がおぼつかない道面豊信に、いくつかのほほえましいエピソードが残っている。

いずれもA社の社長だった一九五〇—六〇年頃（昭和二十五年以降、三十年代前半まで）のもので、近親者たちが今に伝えている。

「シャケン」

そのひとつは自動車の運転に関係している。ある休日の午後、豊信はいつものように自宅の東京・世田谷区等々力の近辺をマイカーのハンドルを握りながら走行していたところ、前方で警察官が手を上げて停止を促《うなが》している。ゆっくり走っていたのでスピード違反ではないことは確かだ。何だろうか、といぶかりながら、とにかく車を側道に寄せて止めた。

どうやら交通安全週間の時機だったようで、二人の警察官が車に近づいて笑顔で話しかけてきた。豊信は車の窓を開けた。

「すみません、ごめんどうでもシャケンを見せて下さい」と警察官は言った。

だが豊信には「シャケン」が何だかわからない。そこで「いま何と言いましたか、もう一度お願いします」と聞き返した。

「シャケンですよ、シャケンショウ」と繰り返すが、やはり豊信にはピンとこない。ただ茫然としているだけだ。

そこで警察官は両手のひと差し指と親指を使って「紙」であることを伝えようと、目の前で長方形を描いてみせた。

豊信は「なーんだ、それか」と、ようやくうなずいた。そして財布の中から百円札を取り出して警察官に渡そうとした。

こんどは警察官が驚いた。「いや、違いますよ。自動車に必ず付いている証明書、書類ですよ」と、出された百円札を押し返した。二人の手の間で、板垣退助の肖像が印刷された薄茶色の日本銀行発行の百円札が右往左往した。

警察官は初めから「車検」「車検証」を拝見するつもりだったが、豊信は米国で運転免許を取得し、運転に関する日本語に疎《うと》かったため、「シャケン」を「ヒャクエン＝百円」と理解したのだった。

自宅に帰った豊信はさっそく、この一件を妻玉子に話した。そして娘たち家族にも……。これを語る豊信の顔は子供のように無邪気であり、楽しそうだったという。

## 「幕の内弁当」

もう一つのエピソードは豊信が大好きだった日本の大相撲にまつわるものだ。

日本の国技であり、伝統や格式が重んじられる大相撲の観戦は、豊信の数少ない趣味の一つだった。

実際に両国の国技館に足を運んだこともあった。また、会社で時間があいた夕方や午後六時過ぎに用件で出かける前などに、社長室のソファーに座って横綱や大関の出る終盤の好取組をテレビで見ることがあった。

一般に、相撲の取り組み自体や、勝負の速さ、技の多さなどが魅力だが、豊信には少し違った視点から相撲の良さを感じていたフシがある。

それは相撲は必ず勝ちか負けの決着がつき、引き分けがないことと、行司の判定に力士はいかなる抗議も出来ないことだ。

行司はその対戦に必ず勝負の軍配を示す。それに疑問があれば土俵最前列で見ている複数の審判員が協議して、軍配通りか、行司差し違いか、(判定が別れ)取り直しかを決める。いずれにしても、その取組は必ず勝負が決まる。力士は全力で取り組み、その結果に従うだけだ。

豊信は相撲の持つ、こうした潔《いさぎよ》さ、単純さが好きだった。

また相撲にはやってはならない〝禁じ手〟があり、ほとんどの力士がこれを使うことなくルールを守って取り組んでいることも魅力だった。豊信が会社内でしきりに使っていた言葉、「フェアプレーの精神で」に通じている。

その豊信が相撲に関連して、唯一不満そうに語ったエピソードが残っている。

それは駅で販売している弁当についてだった。ある日の午後、地方都市に出張することになり、

ＪＲ（当時は日本国有鉄道＝国鉄）東京駅に着いた。午前中の会議が長引いたため、昼食はまだだった。東京駅でいわゆる駅弁を買って車中でそれを食べることにして、駅構内の売店に立ち寄った。豊信はもの珍しそうに各種の弁当を見渡しながら品定めしている。だが、なかなか決まらない。そばにいた秘書が見かねて恐るおそる助言した。「一般に幕の内弁当が無難ですし、いろいろなおかずが入っていて楽しめます」。

だが、それを聞いても豊信は納得しない。そして豊信はゆっくりと口を開いた。「幕の内弁当があるのに、どうして横綱弁当や大関弁当がないのかなァ、そっちの方がいいと思うのだけれど……」。

豊信にしてみれば、普段は買うことのないせっかくの駅弁だから最高のものを味わってみたかった。相撲の格付けでは確かに「幕内」力士といえば最上級ランクの総称だが、横綱、大関はその中でも別格である。駅弁の名称で「幕の内」があるのにどうして最高位の「横綱」「大関」がないのだろうか、豊信にはどうしても理解できないことだった。

このことは後にまで尾を引き、会社内で弁当の話が出たときは、「横綱弁当、大関弁当があるといいのだがなァ」と繰り返した。

日本では「幕の内」弁当といえば、相撲の「幕内」＝番付の上位に名前を連ねる力士たちを想像し、色とりどりの豊かな食材が入った上質弁当ということで当たり前に通用するのだが、米国で青年期を過した豊信にはどうしても納得できない〝文化〟の壁でもあった、といえそうだ。

## 大ショックの連続、技術の遅れとライバル社の出現
### 一九五六（昭和三十一）年、一九六一（同三十六）年〜

最も得意な看板商品ＭＳＧを前面に掲げながら、国内・海外で順調に発展してきたＡ社だったが、ある日突然、屋台骨を揺り動かす大地震に見舞われたような激しい衝撃を受けることになった。

それは日本が空前の経済成長の軌道に乗り、国全体が神武景気に沸いていた一九五六（昭和三十一）年九月のことだった。以前からＭＳＧ生産では強力なライバル社だった協和発酵工業が、直接発酵法による高効率のＭＳＧ生産・販売を開始したのである。

協和発酵の直接発酵法は、Ａ社の抽出法によるＭＳＧ生産に比べ、原料費は二割以上安く、設備投資額は十分の一、操業要員もかなり少人数で済むし、副産物もほとんど出ない。これらを総合すると、協和発酵はＡ社よりも三、四割安くＭＳＧを生産できると予想された。

Ａ社も発酵法によるＭＳＧ生産を研究・開発していたが、直接発酵法に比べて明らかに効率面で見劣りする二段階発酵方式で、実用化にほど遠かった。もう一つのＭＳＧ新製法である合成法も、まだ研究途上にあった。

もちろん、商品の競争力は価格だけではないから、国内の家庭向けであればブランド力と販売体制が断然強いＡ社は、それなりに持ちこたえることができる。

しかし、ＭＳＧ販売全体の三分の二を占める輸出用や加工食品会社およびレストラン向けなどの業務用は価格優先のため、Ａ社のシェア（市場占有率）が低下するのは必至の見通しである。

そうなれば、ようやく再開にこぎ着けた海外事務所の閉鎖や、国内のＭＳＧ生産三工場の縮小・再編のほか、関係する部署の従業員や社員の配置転換・解雇さえも検討しなければならない。まさしくＡ社全体を揺り動かす危機に直面したのである。

緊急に開かれたＡ社の常務会には鈴木三郎助会長、道面豊信社長、複数の常務などのほか、川崎と横浜の両工場長、総務部長などが出席したが、いずれの面々も深刻さいっぱいで、誰からも当面の妙案が出ることなく、沈鬱《ちんうつ》な雰囲気のまま時間だけが経過した。

とりわけ社長の道面は大きなショックを受け、顔色を失うほどだった。彼の頭の中は「これまで技術・研究分野を重視して、人もカネも惜しまず注ぎ込んできたのに……」「看板商品の技術分野で、どうしてこんなにも遅れをとったのか」という、驚きと悔《くや》しさとが入り混った感覚で満杯になった。

だが、あれこれ愚痴をこぼしたり、ゆっくりと反省している場合ではない。すぐに当面の危機を回避し、次の段階へと歩《ほ》を進めるための対応策に取りかからなくてはならない。

そのためにはまず、ＭＳＧの生産技術の面でライバルと対抗し、負けないようにする必要がある。それには従来の研究体制にこだわらず、新しい発想による体制づくりが必須《ひっす》である。

そこで、協和発酵が直接発酵法によるＭＳＧ生産を公表してからわずか二カ月後に、Ａ社は川崎工場の研究部と各課の研究員をかき集めて約百人の陣容で「中央研究所」を設立した。各人の知恵を持ち寄って、連日のように直接発酵法と二段階発酵法の優劣などを集中的に検証した。

その結果、一九五七（同三十二）年春には、A社はMSG生産については従来の抽出法をやめて、その代わりに直接発酵法を中心に採用、将来に備えては合成法にも着手することを決定した。発酵法では後塵《こうじん》を拝《はい》する形になったが、何とか生産技術の見通しはついた。

もう一方で当面を乗り切る方策として、協和発酵工業との提携交渉を進めた。放置しておくと低価格の協和製MSGが市場に自由に出回り、A社の優位性が失われる恐れがあるからだ。

具体的には、A社は協和発酵が製造するMSGを適正価格で全量買い取ることにした。この話し合いを進めるうえでは第三者の斡旋が有効と考え、両社に深交のある朝日麦酒（現アサヒビール）の山本為三郎《ためさぶろう》社長に仲介役を依頼し、これを実現した。

さらに直接発酵法によるMSG製造について、両社間でクロスライセンス協定を締結することになり、これも山本社長の仲介によりA社が協和発酵側に年一億円を支払うことで結着した。いずれも一九五六年から五九（同三十四）年にかけてのことだった。

こうしてA社は、新しい製造法の出現によるMSGショックを何とか乗り越えたが、多くの問題点も残した。

何よりも看板商品MSGの製造法における技術の立ち遅れが露呈したことである。当初は相手側と製造特許の問題でいろいろ争ってみたが、とうてい勝ち目がないことがわかり、結局は競争相手の技術をそっくり使用する屈辱を味わった。

さらに相手方が生産するＭＳＧを全量買い取ったり、生産技術についてのクロスライセンス契約を結ぶなどにより、多額の資金を支払った。

広くほかの業種をみても、その企業の本命となる商品について、こんな屈辱的な対応策をとった事例はほとんど見当たらない。Ａ社は成長期の真っただ中で、その稀《まれ》な経験をしたのである。

## ショック第二弾

これに続いて、すぐ次の大きなショックがＡ社を襲った。それは本命商品ＭＳＧの関連商品である複合調味料の分野での強力ライバルの出現だった。

複合調味料は、ＭＳＧに核酸系の成分を配合し、価格は高いがより強いうま味を実現したもので、いわばＭＳＧ単品のうま味調味料の第二段階ともいえる商品である。

うま味成分の代表格として、昆布《こんぶ》に含まれるグルタミン酸ナトリウム（ＭＳＧ）のほか、鰹節《かつおぶし》に含まれるイノシン酸ナトリウム、しいたけ（椎茸）に含まれるグアニル酸ナトリウムなどが知られているが、これらを組み合わせることにより、より強いうま味を持つ複合調味料が生まれる。

Ａ社は他社に先がける形で一九六〇（同三十五）年に、ＭＳＧに二％のイノシン酸ナトリウムをコーティングした「味の素プラス」を発売し、当初は珍しさもあって好調なスタートだった。だが半年後にはこの好調さがストップし、典型的な短命商品に終わった。

その原因は、またもや優れた技術力を背景にしたライバル社の出現だった。

一九六一（同三十六）年四月に武田薬品工業が「いの一番」、続いて同年十月にはヤマサ醤油が「フレーブ」という商品名で、複合調味料を発売したのである。

これらライバル社の複合調味料には、イノシン酸ナトリウムやグアニル酸ナトリウムの混合物をそれぞれ八％、五％も配合していた。

両社が新成分を多く配合できた理由は、新しい技術である酵母核酸分解法の使用によるものだった。同法は原料となる酵母から核酸を抽出し、これに酵素を作用させて新成分を含む物質を生産するもの。酵母自体はパルプ工場の廃液などでも培養できるため低コストで済む。

その当時、煮干《にぼし》を原料にイノシン酸ナトリウムを作っていたA社に比べ、ライバル二社は酵母核酸分解法を導入することにより、はるかに安く多量に生産できるようになったのである。

加えて複合調味料の販売面でも、ライバル二社は攻勢をかけてきた。一般小売店や量販店のほか、武田薬品工業は米穀店、ヤマサ醤油はしょう油の販売チャネルという独得の販売ルートを利用して新しい複合調味料の売り込みを図った。

その結果、先発していたA社製品はさっぱり売れなくなり、期待の複合調味料の分野でもライバルの攻勢により窮地に立たされた。そこでA社はまたも社内の研究陣を総動員してイノシン酸ナトリウムの新製法開発を懸命に進めた。また、その新製法の完成を待たずに、イノシン酸ナトリウムを十二％配合した新調味料「ハイ・ミー」を一九六二（同三十七）年十一月に発売し、複合調味料の分野のシェア奪回に乗り出した。採算の面は二の次にして、ともかくライバル追撃作戦を優先させたのである。

だが有力ライバル二社が新製品を出してからすでに一年以上が経過しており、これらを追いかけることは簡単ではなかった。

さらに一九六三（同三十八）年二月にはもう一つのライバル社の旭化成工業が複合調味料「ミタス」を新しく発売した。こうして市場では有力社による激しい販売競争が相次いで展開されたため、A社はなかなか劣勢を挽回できなかった。

一九六三年四月時点でのA社の複合調味料分野のシェアはついに一〇%程度にまで低下した。

非常事態に陥《おちい》ったA社は、MSGに始まり複合調味料に至る先駆者＝パイオニアとしての意地と面目《めんもく》にかけて、必死で巻き返し策を展開した。

その内容は、末端消費者へのブランド力を活用して、見栄も外聞もなく「先着百万名様プレゼント」作戦を二度にわたって実施したほか、重点的なテレビCM放送、販促部隊による専用陳列器具の設置、全社員セールス運動などの販売促進・PR活動などを大々的に展開した。さらに発酵法と合成法を組み合わせてイノシン酸を割安に製造できる新製法が完成したことを背景に、一九六四年には複合調味料の販売価格を思い切って下げた。

こうして一九六五（同四十）年には、A社の複合調味料のシェアはようやく回復に向かい、どうにか先駆者としての体面を保ったのである。

## 戦略の見直し

ＭＳＧ生産における画期的な発酵法の出現と複合調味料の分野における有力ライバルの登場――。このダブル衝撃に直面して、Ａ社首脳陣はこれまでの安眠から目覚め、全社員一丸となって敗因について徹底的に究明・反省し、その後の戦略・戦術を練り直すことになった。

二度に渡る危機を何とか乗り越え、少し落ち着いた段階で、社長の道面はようやく冷静に自社の道のりを振り返った。

モノ作りとして技術・研究部門を重視し、国際化の時流に乗って企業の国際展開を推進する――こうしたＡ社の基本的な方向性には間違いないはずだ。問題はその内容と、取り組む人間の心構えにあるのではないか、と道面は考えた。

例えば技術・研究では、どうしても〝ドル箱〟で成功例のＭＳＧの周辺に片寄りがちで、しかも既存の抽出法に強いこだわりがあった。それを変えなくても、ＭＳＧは独占的なシェアを持ち、高利潤を得てきたからだ。こうしたぬるま湯の中にいるような甘い体質が、決定的なところで他社の技術に遅れをとる原因になったに違いない。

見方を変えると、当時の日本の各社は激しい競争下で、それぞれ新しい分野の技術開発に熱心に取り組んでいた、ともいえる。

ＭＳＧの製造で直接発酵法という優れた新技術を開発・実用化した協和発酵工業は、もともと医薬品や化成品分野で幾多の優秀な技術を持ち、販売実績を誇《ほこ》ってきた。この会社がその社名にあるように、最も得意な「発酵」の分野で卓越した技術を生み出したことは何も不思議ではない。発酵技術の蓄積が開花したともいえる。

複合調味料の分野で、優れた技術開発を背景に新規参入してきた武田薬品工業も、日本を代表する医薬品メーカーとして数多くの新しい技術を開発し商品化してきた実績を持つ企業だ。

同様にヤマサ醤油は、液体調味料のしょう油の生産・販売を長年手がけてきた中で、優れた醸造《じょうぞう》技術を修得している。

石油化学や繊維《せんい》などを総合的に事業化してきた旭化成工業も、各分野で複数の秀でた技術を所有する優良企業である。

ちょうど日本経済全体が高度成長期の波に乗り、各企業が新しい成長分野や有力商品を巡る市場および技術開発競争に鎬《しのぎ》を削《けず》っていた時期だった。

たまたまこうした産業の隆盛期に、Ａ社の基幹商品であるＭＳＧと複合調味料の二大柱が他社から揺さぶりをかけられた形だ。こうした思いがけない企業の新規参入による競争激化や異業種への乗り入れなどは、他の分野でも散見できた。

それだけ高度成長期には日本企業の競争意欲は強く、各種の技術開発や市場争奪戦が展開されるなど、活力に溢《あふ》れていた証明でもある。多くの日本企業が競って体質を強化し、国際的な競争力を身に着けようと努力した結果、日本経済の全体を押し上げて〝奇跡〟と言われる高成長を成し遂げ、GNP（国民総生産）世界第二位の国になった、といえる。

後になって冷静に考えれば、A社が直面した一件は日本企業全体が高成長する中でのごく当たり前の事態として位置付けることができるのだが、当時のA社首脳陣はそうとは受けとれず、かなり狼狽《ろうばい》の色を見せた。

社長の道面は「これまでMSGを中心にあまりにも順調に推移してきたことが、逆に挑戦する気構えや冒険心を失わせたのではないか」と、複雑な心境を抱いた。

社長とともに相次ぐダブル衝撃への対応策にあたっていた副社長の鈴木恭二は、別の言い方で「なんといってもA社の技術は間口の狭い範囲に限られていた。しかも独占的事業の高利潤という〝座布団〟はあまりにも座り心地がよかった」「ここしばらくの安定が、手堅く先行研究をフォローするばかりで、自由な発想や挑戦を鈍らせた」と、自省を込めながら説き明かした。

いま風に言うと、社員全体が〝井の中の蛙《かわず》、大海を知らず〟の状態のまま、安易で甘くて楽な生活に入り浸《びた》り続け、いつのまにか典型的な大企業病にかかっていたことになる。

# 第五章　経営多角化へ

## 本格的な「食品」多角化へ挑戦

### 外国食品企業と提携――一九六五年「食品部」発足

Ａ社が誇る「ＭＳＧ」と「複合調味料」の二つの基幹商品でライバル社に技術的な遅れをとり、屋台骨を大きく揺り動かされたことはＡ社首脳陣に深刻な危機感を与えた。と同時に、これまでの経営方針を基本から見直し、新しい方向を打ち出す契機にもなった。

本格的な「食品」多角化への転換である。そのために、外国の有力な食品会社と相次いで提携し、各種の食品類への進出を急いだ。

また、一九六五（昭和四十）年二月には社内組織として新しく「食品部」を発足させ、食品部門強化の姿勢を鮮明にした。

Ａ社はそれまでも味液や油脂、アミノ酸、建材などの商品多角化を手がけてきたが、これらはいずれも副産物あるいは添えもの的な位置付けであり、主力はあくまでＭＳＧとその関連の調味料類だった。

だがＭＳＧは発売から半世紀余りを経て、日本の食生活や住宅環境、生活パターンなどが大きく変わる中で単品としてはそろそろ限界が見えてきた。複合調味料ではライバル各社の攻勢は今後も続く見通しである。

現にMSGと複合調味料は、続けざまに手痛いダブルパンチを受けた。調味料類に偏重した経営では、他社の新技術の出現により、それまで長年苦労して積み上げてきた優位性が一気に消え失《う》せてしまう危《あや》うさがある。

企業のシンボル、レーゾンデートル（存在理由）としてMSGや複合調味料を残すとしても、将来を考えると、経営の柱として今後とも成長が見込める事業を見つけ出し、それと取り組んで育てあげていくしかない。

こうしてA社は、今後の重点施策として「成長性のある食品分野への積極的な進出」と「自社技術を生かしたアミノ酸の医療・飼料分野への応用」の二つを推進することにした。

わけても食品分野は、所得の増大と食生活の多様化が進む中で最も有望であり、大きな成長が見込める、と読んだ。

食品多角化展開の具体的な手法として、すでに優秀な技術のもとで良質な製品を生産・販売している外国の食品企業と提携する形を選択した。これが時間をかけずに安全かつ確実に新しい食品のメニューをふやし、多角化を図るための最良の方法だった。

幸いにもA社には長年培《つちか》ってきたブランド力と国内での販売網がある。新しく手がける食品は、これらをフルに利用して売ることができる。

その手始めとして一九六一（同三十六）年に米国ケロッグ社と提携し、コーンフレークなどのシリアル食品の分野に進出した。この場合、A社は新製品の開発に全く関与せず、ケロッグ社の既存製品をそのままA社が日本で生産・包装して販売する方式をとった。

食品分野への多角化の中で、後になってからもA社の大きな柱になったのはスープ事業である。だが当初、A社はスープ事業に失敗した苦い経験を持っている。食の洋風化やパン食の普及などを背景に、一九六二年にA社は独自にコンソメスープやポタージュスープを製造、販売した。しかし準備不足や不慣れなどのため完全に空振りに終わった。正直言って、味がまずくてさっぱり売れなかったのだ。この時に得た教訓は自社の実力不足という現実のほか、やはり「餅《もち》屋はモチ屋」という、経験の蓄積や専門性の重要さだった。

そこで自社生産をあっさりあきらめて、翌一九六三年に米国コーン・プロダクツ社（CP社、後にユニリーバ社が買収）と提携してスープ事業に再挑戦、軌道に乗せたのである。

CP社とA社とは戦前から原料関連で取引があり、道面はニューヨーク滞在時からCP社のことをよく知っていた。同業社の会合や財界人の集まりの場でCP社のトップとしばしば顔を合わせ、懇意にしていた。

CP社の経営方針は「消費者のニーズに応えて、良質の商品を提供する」ことで、自社商品の製造から販売までの全体に細心の注意を払い、その手堅さには当時から定評があった。

日米開戦により、両社の関係は一時的に断絶した。その間にCP社のトップは交代し若返ったが、経営方針は以前と同様に堅実で、最近ではそれに科学的かつ合理的な新手法が加味されていた。

両社提携のためのトップ交渉に臨んだ道面はそのことをすぐ見抜き、自信と確信を持ってCP社との提携話を進めたのである。

提携交渉は順調に進展し、一九六三年二月にCP社グループが所有するスープ、マヨネーズ、マーガリンなどの商品を日本市場に登場させることで合意が成立、まず初めにスープ事業から着手することになった。

その際、CP社は自社の方針や手法に徹底的にこだわり、あくまでも独得の流儀を踏襲した。主力のスープ事業についていえば、CP社のマーケティングセンターからリサーチや分析、製品企画、広告・宣伝、販売促進、法務、財務などのプロたちが集団で来日し、A社のスープ関連のメンバーと一緒に仕事にとりかかった。

始めてみてA社側が驚いたのは、CP社の具体的な仕事の進め方だった。ひと言でいえば、それは欧米流の合理主義の徹底実施だった。A社にとってはすべてが新鮮かつ刺激的な内容だった。

A社の担当者も市場調査や広告などにはそれなりの経験や実績があり、自信さえ持っていたが、CP社の方法を目の前にして、それらがもろくも消し飛んでしまうほどだった。

簡単に言えば、A社のこれまでの多くの場合は優れた個人のカンや感性、アイデア頼みが中心で、散発的だった。

これに対しCP社のマーケティングは、市場調査から製品開発、広告・宣伝活動、財務管理までが極めて緻密《ちみつ》で体系化されていた。三年は赤字だが五年でそれを取り返すというような損益表の作成まで手がける徹底ぶりに、「数字は経理か財務の仕事」と思い込んでいたA社の関係者は驚いた。

また各部やグループごとの縦割《たてわ》り組織が当然だった日本の企業とは違って、専門家が緊密なチームワークで敏速《びんそく》に作業を進めるCP社の様子に、「たかがスープという一事業にもかかわらず、まるで新しい会社を立ち上げるのと同じ手法だ」とA社側は感嘆した。

もうひとつ、CP社の独自マーケティングで徹底していたのが、調査の結果を重視するデータ主義だった。

具体的には、スープが食生活に占める位置を地域別、所得階層別にとらえるため、主婦を対象にインスタントスープへの意識を詳細に調査した。そのうえで二千人規模の味覚テストを複数回実施して、その結果をもとに修正を繰り返した。

調理時間、分量、包装、価格、デザインについても主婦からの総合的評価を分析し、アルミホイルへの直接カラー印刷など、日本で初めての試みも取り入れて最終商品を仕上げていった。最後に結論を出す基準はあくまでも客観的な調査結果＝データであり、担当者のカンや経験は排除された。

さらに販売体制、広告、販売促進などの戦略についても細部まで周到に練り上げ、販売チャネルでは当時興隆期を迎えつつあったスーパーマーケットでの大量陳列、大量販売を中心に据えることにした。当時のA社内には、スーパーを販売秩序を破壊する〝危険な乱売店〟と位置付けて敵視する向きもあったが、あくまでも販売効率と時流を考え合わせ、「クノールスープ」発売のデモンストレーションはスーパーで実施した。これを機にA社は、スーパーを優良な大量販売店として認知し、相互の関係を深めていったのである。

また、新規事業の特異性を生かして、これまでの旧式な販売体制の改革を実施した。その内容は商品別特約店制度を新しく採用し、スープの販売については全部一次店として一本化した。古くから取引のある特約店や二次店の扱いを解消したのである。スーパーに商品が並ぶ前に、卸《おろし》が二段階も入っているのは不合理であるとの発想から、過去の慣習にとらわれずに欧米流の実力・実績主義を導入した。

こうして一九六四（同三十九）年一月、東京オリンピックの開催を前にした首都東京で、チキンクリーム、ビーフヌードルなど五品種の「クノールスープ」がA社の販売網に乗って発売された。同年九月には全国展開がスタート、一年間で合計一千万袋を超えるヒット商品が誕生した。

CP社との提携により、スープで大きな成功を得たのに続き、同じCP社との関係から次の商品として一九六五（同四十）年四月からマヨネーズの発売に乗り出した。

その後A社は、各種の加工食品や冷凍食品などを相次いで生産・販売し、総合食品会社としての体制を整えていく。その発端になっているのは、道面社長時代の後半に直面したMSGと複合調味料で受けたダブルショックと、その教訓と反省をもとに新たに着手したCP社との提携をテコにした食品分野への本格進出および多角化路線への経営の方向転換だったといえる。

## アイゼンハワーとの面談
### 一九六一（昭和三十六）年訪米

道面豊信のあまり知られていない行動の一つに、米国の共和党出身のアイゼンハワー元大統領との直接面談がある。

D・DaVid・アイゼンハワー、愛称アイクは米国の軍人出身で、第二次世界大戦では最高司令官・元帥としてヨーロッパ戦線で連合軍を指揮し、勝利に導いた。こうした実績を背景に米国の第三十四代大統領（一九五三―六一年の八年間）に就任、世界最強国の指導者として大きな足跡を残した。

東西冷戦が続く中で、ときのソ連フルシチョフ第一書記と直接話し合い、緊張する東西関係に〝キャンプ・デービッド精神――話し合いの精神〟を生み出すなど、外交手腕を発揮した。

現在でも米国を代表する偉大な司令官、政治家、大統領として、米国民に広く尊敬され続けている。日本との関係では戦後、アイクは日本訪問を二度予定していながら、二度とも実現せず、ついに生涯一度も日本をゆっくり見ることはなかった。

アイクの最初の訪日計画は一九六〇（昭和三十五）年六月だった。

当時、日米安全保障条約の改定問題で日本国内が賛否両論に分裂し、大揺れに揺れていた。

アイク訪日の露払いを兼ねて訪日したハガチー米大統領報道担当補佐官が、羽田空港から都心に向かう途中の沿道で、安保反対の大規模なデモ隊に囲まれて車が立往生した。それほどデモ隊の勢力は強く、激しかったのである。これは「ハガチー事件」として後まで名を残している。

こうした状況から当時の日米関係者は、米大統領の身の安全は保障できないと判断して、アイク訪日は中止になった。

二度目はアイクが米大統領をやめて一私人になった一九六一（同三十六）年秋である。アイクは長く母校の米コロンビア大学の総長だった関係から、同大学の日本人同窓生がアイクを日本に招聘《しょうへい》しようと計画した。

これをなんとか実現するため、道面豊信は奔走した。在学期間こそ短かかったが、若くて多感な時期にニューヨーク・コロンビア大学で経済学を専攻した道面は、卒業後も各界に活躍する同窓生と連絡・交流を続け、同窓会を大切にしていた。道面は周囲に推《お》されながら、コロンビア大学の日本人同窓生を代表してアイクに直接会って訪日の招待状を手渡すべく米国に向け出発した。

当時アイクは、米大統領の激務から開放されてゴルフや釣り、絵画などを楽しむ日々を送っていた。道面はアイクが待つ米ペンシルヴェニア州ゲティスバーグの農場を訪ね、今回の訪問の趣旨を説明し、訪日の招待状を手渡した。

アイクは非常に喜んでこれを受けとり、笑顔で「日本訪問をぜひ実現したい」と何度もうなずいた、という。

しばらく歓談した後に、こんどはアイク自ら車のハンドルを握り、「私を乗せて自慢の農場内を案内して回った」――道面は当時を回想して、最も印象に残る場面をこう語り伝えている。

何事もなければアイクの望み通り、翌一九六二年の十月末にも訪日が実現するはずだった。

しかし訪日が実現する寸前に〝キューバ危機〟が起き、国際緊張が高まったため、急拠取りやめになった。米国務省筋がアイクの身の安全を考慮して、訪日中止を勧告したのだ。

キューバ危機の発端は、一九六一年一月にアイクを継いで米国の第三十五代大統領に就任した民主党のジョン・F・ケネディ大統領による対キューバ強硬政策の断行だった。

当時の米国は、革命政権を樹立したキューバのフィデル・カストロを「共産主義者」と認定し、政権転覆工作や厳しい経済封鎖などの強硬手段を実施した。

これに反発したカストロはソ連に急接近、食糧などの必要物資をソ連から輸入するほか、一九六二年になってからはソ連製の核弾道ミサイルをキューバ国内に配備する作業に着手した。

一九六二年十月十四日、米空軍のU2偵察機が、キューバ国内に米本土を射程内に収めるソ連製の弾道ミサイルが配置されているのを発見、これが米ソ両国による全面核戦争の瀬戸際に立ったとまでいわれるキューバ危機――「世界を揺るがした十三日間」の始まりだった。

その後、緊急に開催された国連安全保障理事会での努力や、米ソ両国の妥協もあって核戦争の勃《ぼっ》発《ぱつ》、人類滅亡という最悪の事態は回避できた。

ソ連はキューバに建設中だったミサイル基地を解体、フルシチョフ首相はモスクワ放送を通じてキューバからのミサイル撤去を発表した。ミサイルやその部品を積んでキューバに向けて航行中のソ連船は洋上で急ぎUターン、すぐ引き返した。

米国はキューバへの軍事行動・武力侵攻を自制することを約束するとともに、ソ連を標的にトルコに配備していた弾道ミサイルを撤去することにした。

こうして世界が固唾《かたず》をのんで見守った緊迫の十三日間は無事に幕を閉じたが、アイク訪日計画はその時に封印されたまま、その後も実現することはなかった。

キューバ危機により訪日中止が決まった後に、アイクから道面に何度か手紙が届いた。そこには、「今回、訪日できなかったことは極めて残念」「ぜひ日本の美しい風景を見たかったのだが……」「また、貴殿とゆっくりと楽しい会話をしたかった」と、繰り返し素直な心情を述べていたと、道面は伝え残している。

二人の道は違っていても、ともにトップに登り詰め、年齢も道面が二つ年上と極めて近い。しかもコロンビア大学の同窓生でもある。

ゲティスバーグの農場でのたった一度の直接の出会いにもかかわらず、アイクと道面はお互いに深いところで共感するものが多々あったに違いない。アイクの手紙で繰り返される文面からそれが読みとれる。そしておそらく、生前の元気なアイクに直接会って歓談した日本人は、道面豊信が最後だったろう。

かなりの年月を経て、アイクと道面の名前が公に登場するのは一九六九（同四十四）年三月下旬、アイクが死去した直後のことである。

『読売新聞』の一九六九年三月二十九日付夕刊で、道面は顔写真入りで掲載された。そして記者の質問に答える形で、アイクの農場を訪ねた際にアイク自ら車を運転し道面を乗せて農場内を案内した話を持ち出し、「そんな気さくな暖かい人柄が彼の人気の源《みなもと》だったと思う」「(政界の第一線から)引退後もコロンビア大学総長として次代を担う若い世代の教育に全精力を傾けていた」と、その人柄や功績を称える言葉を連ねている。この時、道面は満八十歳だった。

それにしても二度の訪日中止の原因は、「日米安保」と「キューバ危機」という、いずれもアイクが生涯をかけた軍事・政治がらみだった。これは偶然の皮肉ともいえるが、その背景には米国とソ連を頂点とした東西冷戦という、当時の世界の厳しい現実が横たわっていたことは確かである。

## 筆者と三代鈴木三郎助会長との顔合わせ
### 一九六二（昭和三十七）年　年末の午後

道面豊信がA社にかかわることになったのは、若い頃の三代鈴木三郎助（当時は三郎）が一九一七（大正六）年に初めて米国ニューヨークに行き、道面と出会ったのがきっかけだった。それ以降、二人は年齢が近いこともあり、戦前、戦中そして戦後を通してお互いに信頼を深め、協力してA社の経営を支え続け、盛り上げてきた。

とりわけ戦後、一九四八（昭和二十三）年五月に道面が社長に就任し、一九六五（同四十）年五月に社長をやめて相談役になるまでの十七年間のほとんどは、「鈴木会長・道面社長」のコンビでA社の再建と成長を実現し、その後の国際企業への目ざましい発展の基礎を構築した。

このトップ二人と筆者とが同席する機会が、ごく短かい時間だったが一度だけあった。

一九六二（同三十七）年十二月中旬過ぎ、筆者は年末のあいさつを兼ねて、いつものように事前にアポイントメントをとり午後二時にA社の道面社長を訪問した。

この日は、海外での生産・販売拠点づくりや国内での食品類の多角化展開など、いくつか聞き出したいテーマを持って社長室に入った。立ったままひと通りのあいさつが終わったとたん、道面の口から思いがけない言葉が飛び出てきた。

「会長の鈴木三郎助がいま在室していますが、お会いしますか」。かねて機会があれば前社長で現会長、創業家の三代鈴木三郎助にはぜひ会ってみたいと思っていたので、少し気を高ぶらせながら「ぜひお願いします」と即答した。

すると道面は、社長室の奥手にある部屋のドアをノックして入室し、そのまま姿を消した。三十秒ほど経った後、道面は戻ってきた。間もなく同じ奥のドアから、小柄な人物が姿を現した。眼光鋭く、こちらをじっと凝視《ぎょうし》している。しかもドア近くで立ったまま動かず、自らは何かを話し出す気配はない。——これが三代鈴木三郎助会長との初対面だった。

こちらも立ったまま、待った。筆者の前には応接用のソファーがある。てっきりそのあたりまで互いに歩み寄り、あいさつを交わすものと思っていたが、どうも様子が違う。

いつまでも離れたままで沈黙の見合いを続けるわけにはいかない。そこで筆者はワイシャツの胸のポケットにある自分の名刺を取り出しながら、会長が立っているドアに向かって歩み寄った。二人の距離が二㍍弱のところで止まり、一礼してからこう切り出した。

筆者「日本経済新聞の辻です」。同時に名刺を出した。会長はそれを受け取ってちょっと目を通したが、すぐ顔をこちらに向けたまま黙している。

筆者「食品業界を担当しています」

「道面社長のところに出入りして、取材させてもらってます」

「必要に応じて、担当役員にも取材しますが、皆さんまじめに対応していただいてます」

ここまで言って反応を待ったが、依然として鋭い視線をこちらに向けたまま、無言が続いた。

そこでこの場を打ち切ろうと、最後のあいさつ言葉を考えた。

筆者「今後とも御社を出入りしますので、ご承知下さい」と言って軽く一礼した。たとえ何も答えがなくても、これで引き下がろうと思っていたが、こちらが頭をあげると同時に、会長の口がゆっくり開いた。

会長「鈴木三郎助です」

「わが社を……よろしくお願いします」

こう言って、深々と頭を下げた。

筆者は少しあわてて、言葉にはならなかったが、「こちらこそ……」との意を込めてもう一度深く一礼してからその場を離れた。

その間、道面社長は筆者の斜め後方から二人の様子をじっと見ていた。


たったこれだけのことである。時間でいえば、わずか二、三分だったろう。だがこの出会いは、あとから振り返ってみて、極めて意義深いものだったと気がついた。

道面豊信と鈴木三郎助は、単に長い間一緒にA社の経営にかかわってきただけではない。二人は相互に信頼感を強め、あたかも実の兄弟のような関係だったとさえ思われる。

これまで何度か道面に会って取材し、それが日経紙面に掲載されるたびに、道面は機会があれば「自分のところに出入りしている記者を三郎助にも面通《めんとお》しして、知ってもらおう」と、ごく自然に考えていたに違いない。この日はそれを実行したのだ。

道面が奥の三郎助会長のドアをノックしてから部屋に入り、少し間があってから出てきたのは、手短かに会長に諸事情を説明し了解を得たためだろう。

後で知ったのだが、道面が社長に就任した一九四八（同二十三）年以降、三郎助は原則として報道関係者とは会わず、社を代表した外向けの発表、発言はすべて道面社長がこなしてきた。

三郎助はまた、しばしば病気や負傷を経験し、人前に出ることを苦手にしていた時期があった。したがって新聞記者にもほとんど会うことはなかったのだ。

だが道面の言うことだけは、たとえ不得手の顔合わせであっても、例外的に受け入れたのである。二人の信頼関係を裏付けている、といえる。

実はこれも後でわかったのだが、この時の三郎助は少し体調をくずし、長い距離の歩行や立ったままの姿勢の維持が困難な状況だったという。それでドアの近くで動かず、直立したままだったのだろう。

体調不良なうえに、苦手な記者との面会とあって、三郎助は普通ならば断わるところだ。しかし他ならぬ最も信頼すべき道面の頼みごとである。自分が面会することが、A社にとってプラスになるに違いない、そうでなければ自分をよく理解している道面が声をかけてくるはずはない、と三郎助はとっさに判断して部屋からそろそろと歩いて出てきたと思われる。

　そして最後に「わが社を……」と言ってひと呼吸を置き、「よろしくお願いします」と続けた後、深々と頭を下げた。月並みの文句にも真心が込められていた。簡素だが、大切なことを伝えようとする確かな意志が詰まっていた。

　声は低く少しかすれていたが、そんなことは問題ではなかった。舞台でいえば、短かい場面でのわずかな動作だったが、そこには先代から引き継ぎ、長年かけて苦労して築き上げてきた〝愛社〟の一層の発展を願う経営トップの執念すら込められていた。

## 三代鈴木三郎助の人となり

あの眼光の鋭さは、単なる生まれつき備わった個性からくるものではない。幾多の試練や困難を乗り越えてきた後に、自然と身についたに違いない。真贋《しんがん》を見抜く眼光でもあった。

三代三郎助は、A社を創業した二代三郎助の長男として一八九〇（明治二十三）年に神奈川県葉山町で生まれた。幼年時から家業を継ぐべく、いろいろな教育を受けたが、それらの中に海外視察・出張があった。

早いところでは商業学校に在学していた満十六歳の夏に当時の満州に遊学した。学校を卒業後、家業に加わってからは満二十四歳の時に台湾および中国大陸の各地に出張し、市場開拓に努めた。そして満二十七歳になった一九一七（大正六）年には初めて米国に渡り、ニューヨークで道面豊信と運命的に出会った。ニューヨーク出張所を創設し、以後そこを道面に任せたのが二人の深い絆の始まりだった。

こうした若い頃から海外に出た三代三郎助の行動の多くは、初代社長の二代三郎助の采配だった。広く世界を見聞させ、市場開拓を多く経験させることにより、将来は国内・外に通用する国際企業のトップに育てようとしたのである。

一方、国内では東京だけでなく、若い時から全国の有力店を歴訪させ、販売拡大にあたらせた。

中でも〝商人の街〟大阪に長く滞在させた。三代三郎助を真の商売人に仕上げたかったのだ。

三代三郎助はまた、商品を売るための宣伝・広告にも取り組んだ。どうしたら消費者が自社の商品を買ってくれるか、と試行錯誤しながら経験を積んだ。未知の分野に挑戦し、その度《たび》に創意・工夫を重ねた。持ち前の積極性が大きなプラスになった。

こうして三代三郎助は若い頃から、先代の与えた幾多の試練を乗り越えたり、独自の努力を続けながら成長したが、一九三一（昭和六）年三月にはその先代（父親）が死去した。

三代三郎助は指令塔を失った。満四十歳だった。そのあとには遺言により先代の弟・鈴木忠治が社長に就任、三代三郎助は専務として営業に専念することになった。

それから約十年後の一九四〇（同十五）年八月には、三代三郎助は満五十歳で社長に就任した。時に軍国主義の色濃く、経営環境は悪化の一途でついには看板のＭＳＧの生産は中止、軍需会社に指定された。

そして戦災で生産工場を消失したまま終戦となり、再起に取りかかっていた途中での一九四七（同二十二）年八月の公職追放。三年後に公職追放が解除され、一九五二（同二十七）年八月には取締役会長に就任したが、その間の屈辱にも似たやるせない思いは容易には消し難く、心の深い痕跡となっていたに違いない。

明治、大正、昭和を創業家の直系としての重さをズシリと背負いながら、若い頃から多くの試練を乗り越え、トップになってからは会社の存続や自分の地位消失という希有《けう》な経験と苦難をかいくぐってきた――三代三郎助の眼光鋭い立ち姿勢には、こうした重みと厚みのある履歴が凝縮していたのだ。

道面社長の部屋で面会したとき、三代鈴木三郎助会長は満七十二歳、道面豊信社長は満七十四歳、筆者は日経新聞の駆け出し記者で満二十三歳だった。

筆者はその後、道面からの取材を終えて、霞ヶ関・農林省（現、農林水産省）の三階にある記者のたまり場＝「農政クラブ」に戻った。急ぐ必要のあるネタをすぐ原稿用紙に書いて本社デスクに送稿することにし、急がなくてもいいネタや追加取材が必要なネタの合計三本は後日のために残した。非常に充実した一日だった。中でも三代三郎助と接見し短かかったが言葉を交わして、道面との深い信頼関係を直接確認できたことは最大の収穫だった。

## 地元・中国新聞のインタビューから――「徳川家康はとんでもない」
一九六三（昭和三十八）年一月十日付

道面豊信は社長在任中、めったに新聞や雑誌に登場しなかったが、出身地広島の地元紙である『中国新聞』の一九六三（昭和三十八）年一月十日付夕刊にインタビュー記事が掲載されており、その中で〝徳川家康は日本の発展を遅らせた元凶〟といわんばかりの発言をしている。

「家康はとんでもないことをしてくれたと、つくづく思う。徳川一家を守るために鎖国というバカな政策をとって三百年もの長い間、国民を押さえつけていた」

当時、経営者の間で、徳川家康に関係する読みものが大きな話題になっていた。これを意識しての発言が続く。

「そりゃ、個人的にはエライ男だったと思う。だから読み物としては面白かろう。ソ連のスターリンが家康を熱心に研究したというくらい、人間管理の点では学ぶべきものもあろう」

「だが、日本人は頭もいいし、あの時代に自由に活動させていたら日本はどんなに発展していたか……」

「（鎖国をよしとする）そういう考え方のものが、経営上の参考になるわけがない」と、手厳しく批判している。

関連して、出身の広島についてはこう語っている。

「広島県人会を毎年一月十日に（東京）上野でやっている。これだって封建時代に培われた島国根性の現《あらわ》れだよ」

「広島県人はたいしたものですよ。池田（勇人）総理をはじめ有能な政治家も多いし、財界でも永野（重雄）富士製鉄社長、桜田（武）日清紡社長など人材がそろっている」

広島県人会を〝島国根性〟の現れとけなしながらも、広島県人の発展（活躍）ぶりに同郷人として素直に「誇りを持っている」と断言する。

「毎年、三回くらいは外国に行っている。（自社の）商用より財界代表で国際会議に出るほうが多い」という発言も含め、全体として、国際経済人を自他ともにゆるす道面豊信の本音発言が満載されている。道面が満七十四歳のときの、元気いっぱいの勇姿である。

国際視察や国際会議でいえば、一九五〇年代に多かった先進欧米諸国への産業視察はそろそろ一段落し、一九六〇年代は欧米諸国との対等な立場での国際会議が多くなり、道面豊信もこれによく出席していた。日本が経済的に成長し、国力を増大してきた証拠でもある。

こうした中で異色なのは、一九五七（昭和三十二）年にイタリアのナポリで開かれたＩＯＣ（国際オリンピック委員会）総会に、日本代表の一員として道面豊信が出席したことである。一九六〇（同三十五）年に開かれた第十七回「ローマ」オリンピック大会の事前打ち合わせのためだったが、道面の英語力・交渉力のほか、何よりも個別の企業や業種を超えた国際人としての能力や人格が評価されてのことだった。

次には一九六四（同三十九）年の日本初の第十八回「東京」オリンピック大会を控えた、日本にとっては重要な総会だったのである。

ローマ大会ではエチオピアのアベベ選手が男子マラソンで裸足で走って優勝、続く東京大会ではシューズを履いて優勝し、五輪史上初の男子マラソン二連勝を達成して話題を呼んだ。

## セントルイス訪問──幻のビール合弁交渉

一九六三（昭和三十八）年

日本の企業と海外の有力企業との間での提携や合弁などの諸交渉が盛んになる中で、道面豊信が直接かかわり処理した、一般にはほとんど知られていない超ビッグな商談がある。それは世界一のビール会社を相手にした〝幻のビール〟合弁交渉である。

米国CP（コーン・プロダクツ）社との食品分野での提携が実現し、一段落した一九六三（昭和三十八）年の春先、道面豊信・玉子はA社の社長夫妻として米国に向け日本を出発した。

その頃は先進各国を中心に、国際的な企業交流が旺盛で、A社は米国の有力複数社を相手にした提携や技術供与などの案件をいくつか抱えていた。そのためのあいさつ回りをしたり、案件を順次かたずけるのが今回の訪米の主目的だった。

訪問すべき相手先の企業はいろいろだった。すでにスープ事業で提携し、スタートしている米国CP社のほか、同じ米国のモンサント社、ファイザー社、メルク社（いずれも大手化学、医薬品メーカー）などからも各種の提携話を持ちかけられていた。さらに目新しいところでは、「バドワイザー」のブランドで知られる、米国最大手のビール企業アンハイザー・ブッシュ社のオーナーから招待状をもらっていた。

その内容は「こんど米国に来る機会があれば、ぜひ当方のセントルイスの自宅にご招待したい」「ゆっくりと歓談すると同時に、ご商売の話もしたい」というものだった。

道面はまずニューヨークに立ち寄り、ＣＰ社へのあいさつ回りを皮切りに、いくつかの提携案件を精力的に処理した。それぞれが重要事項で、気が抜けなかった。

そして予定通りに仕事が一段落した後、当時のＡ社ニューヨーク所長（アメリカＡ社副社長）である池田安彦を加えた合計三人でニューヨークを離れ、アンハイザー・ブッシュ社のオーナーが待つセントルイスに乗り込んだ。今回の訪米の最後の重要案件だった。

道面は米国ニューヨークやシカゴでの財界人の集まりに積極的に出席していたから、かなり多くの企業トップと顔なじみだったが、ビール専業のアンハイザー・ブッシュ社のオーナーとは商売上の直接的な接点はなく、顔を見たことはあるが二人だけでゆっくりと話し込んだことはなかった。しかし地元セントルイスを拠点とする米大リーグ（野球）チーム「カージナルス」のオーナーでもあり、話題豊かな好人物である、との評判は聞いていた。

それにしてもこの人物がセントルイスの自宅に招いてトップ同士で話したいという、その意図はなんだろうか。道面はいろいろ推測してみた。相手は何を考え、どんな〝球〟を投げてくるのだろう。

正直言って、資本力抜群の巨大ビール企業が何を言ってくるのか想像がつかなかった。道面は腹をくくった。前もってくだくだ考えるより、まず直接会って話を聞いてみよう。道面はセントルイスに向けて出発する頃には、すっかり心がニュートラルになり、出たとこ勝負でいこう、との本来の楽天家になっていた。

当時、米国も日本も経済成長のただ中で、業種を問わず企業活動は拡大路線を走っていた。二十世紀末から二十一世紀にかけて盛んに見られた世界的な企業によるM&A（合併・買収）ほどではないが、業種によっては国際的な提携や連合の動きがあちこちで散見できた時機でもあった。

一行三人はニューヨークからシカゴまで飛行機で行き、シカゴから別の飛行機に乗り継いでセントルイスに到着した。空港には招待した側のアンハイザー・ブッシュ社の高級車が出迎えていた。まずはその日に宿泊する予定のセントルイス市内のホテルに着き、チェックインした。部屋に荷物を置き、正装に着替えてから目的地のセントルイス郊外へと向かった。

かれこれ小一時間ほど走ったろうか、空港から車に同乗し案内していた接待係の一人が「ここからオーナーの敷地である」ことを伝えてくれた。道面夫妻、池田の一行は内心ほっとした。ニューヨークを午前中に出発し、途中で昼食をとり、飛行機、車と乗り継いで、夕方近くになるまでの長旅にいささかくたびれていたからだ。やれやれ、これでひと息つける。本番はこれからだが、とにかく乗り物から解放される。そう思っただけで心身が軽くなり、何となく朗らかな気分になってきた。

ところが、それからが長かった。オーナー邸の名前を彫り込んだ大きなゲート（門）を通過しても、なかなか邸宅には到着しない。新緑の枝葉がたわわに茂る林の中を、かれこれ十分以上も車で走った。そしてようやく邸宅の構えが見えてきた。

ロックフェラー財団で知られるロックフェラー一族のポカンティコ・ヒルズ（通称カイカット＝

ＫＹＫＵＩＴ）邸もそうだが、米国の企業オーナーの邸宅・敷地は日本では想像できないくらいの広さである。各種の大庭園、美術館、テニスコートや乗馬場、中にはゴルフ場や狩猟場まで設えているところがある。

アンハイザー・ブッシュ社のオーナー邸の敷地は三百三十万平方メートル強（約百万坪）あった。敷地の門をくぐってから邸宅が見える所に着くまで、一行があきれるほど長時間に感じたのも無理はない。これまで何度か複数のオーナー邸を訪れたことのある道面も面くらうほどのスケールだった。

その先にはもっと大きな驚きが待ち構えていた。大きな邸宅の玄関前には、奥行き三十メートルほどの幅広い歩道があり、その両側によく手入れされた大きな木が生い茂っていた。車から降りた一行は、邸宅の玄関口に笑顔で立つオーナー夫妻を確認した。一行は玄関に向かって木に挟まれた幅広の歩道をゆっくりと歩き始めた。

するとどうだろう。これまで繁茂した葉陰で見えなかったのだが、両側に待機していた巨象たちが一斉にその長い鼻を高く持ち上げ、前足を折りながら地面から離し、後足だけで立ち上がった。片側に五、六頭づつ、両側合わせて十数頭が同時に後足で立つと巨大な壁となり、その間に挟まれた人間はまるで小さな、か弱いものになる。

インド、タイなどの東南アジアを中心に、世界の古くからの仕きたりとして象やトラ、ライオンなどを使って客人を迎えることが最高のもてなしであり、相手への最大の表敬の示し方だと伝えられてきた。

事前に何も知らされていなかった道面一行三人は、巨象たちが演出した巨大なアーチにとにかく驚いた。夕方の美しい空が巨象たちによって遮断され、周囲が一瞬薄暗《うすくら》がりの別世界に変容したかのような錯覚さえ抱いた。

だがその時点では、不思議なことに恐怖感はあまりなかった。それどころか、大きな驚きの後に、最大級の歓迎を受けているとの実感がはっきりと三人の心に伝わってきた。

巨象のアーチをくぐり、玄関口に立つオーナーに道面は近づいた。どちらからともなく手を差し出し、固い握手をしながら「遠いところをようこそいらっしゃいました」「お会い出来て大変うれしい」と、互いに笑顔で挨拶を交わした。

初めははっきりと見えなかったのだが、オーナー夫妻の後方には、アンハイザー・ブッシュ社の役員たち十人余りが控え目に整列し、笑顔や軽い会釈で道面一行を迎えていた。

邸宅に入って小休止後、陽が傾き始めた午後六時過ぎから、来客用の特別室で盛大な晩餐会が始まった。オーナー夫妻をはじめ、アンハイザー・ブッシュ社の全役員が夫人同伴で出席した。男性は正装、夫人もそれぞれ着飾ったドレス姿だった。道面一行も事前に立ち寄った宿泊予定のホテルで着替えた正装で、賓客として加わった。

ちょうど、海外からの国賓を囲んで開かれる日本の宮中晩餐会のように、主賓の道面の横にオーナー夫人、道面玉子の横にオーナー、池田安彦の横にナンバー2の役員と夫人が……との順で座り、大きな部屋で「コ」の字を描いたテーブルを囲んだ。総勢三十人余りだった。

まずオーナーの音頭で、全員が乾杯した。杯を重ねながら、オーナーは日本から来た一行の長旅の労をねぎらい、今回の訪問を心から歓迎する謝辞を幾度となく繰り返した。

もちろん、各種の飲料の中に「バドワイザー」銘の生ビールが、冷えた樽ごとに用意されていた。道面は率先してそれを所望し、オーナーを喜ばせた。

経済界、財界人らしく全体に落ち着いた雰囲気の晩餐会だったが、次々にテーブルに運び込まれる選《え》りすぐりの料理は見事だった。遠方からの客人を心からもてなしているとの誠意を、しっかりと伝えるのに十分な内容だった。

食事をとりながらの談話は、日米双方で最近起きた政治、経済、産業、社会、文化等についての話題から、お互いの個人的趣味にまで広きに渡った。長旅の様子や食べ物の箇所では、夫人たちも大きな笑い声をあげながら会話に加わった。

そうした中で道面玉子は一段と輝いていた。自ら矢継ぎ早に話題を提供し、その社交性を発揮した。若い頃に道面豊信と一緒に米国で過した経験が大いに役立ったひとコマだった。玉子の物おじしない積極的な態度、こなれた英語、豊富な話題、相手を引き付ける身のこなしや話し方などに、一同は驚きすら持ってこれらを受け入れた。晩餐会の座はすっかり盛り上がった。時間が経つのを忘れるほどだった。

だが、午後十時過ぎになって突然、一転して全体が静まり返った。晩餐会を始めてから約四時間が経過していた。それまで笑顔だったオーナーは、急に顔をきりっと引き締めて立ち上がり「それではこれから、仕事の話をしましょう」と宣言し、隣接する別の部屋の方へと手で誘導した。

長い晩餐会でシャンパン、ビール、ワインなどをはじめ、各種のアルコール類をかなり飲んだ。豪華なご馳走で胃袋はふくらみ、長旅の疲れも重なっている。正直言ってそろそろ睡魔が襲ってきそうだったが、威厳のあるオーナーのひと声で道面豊信は「いよいよきたな」「これからが本番だ」と会得《えとく》し、素早く冷静に戻った。一瞬のうちに、アルコール分が体全体からすべて抜け出て行く感覚だった。

本題の話をするために案内された部屋に入って、道面はその異様さに目を見張った。

狩猟に使う本物の鉄砲が、広い部屋中をぐるりと取り囲んで立て掛けられていた。部屋の四方にすき間なしに列べられ、とても数え切れないほどだった。いわゆるガンルームである。重量感のある銃が黒光りしていた。

目が馴れてきたところであたりをよく見ると、鉄砲が列んでいる上部には、狩猟の成果である熊や鹿、水牛などの大型動物の頭のはく製が所どころに飾られている。

会食時の雑談の中で、オーナーの趣味のひとつが狩猟であることはわかっていたが、それにしても見事なガンルームである。

欧米では狩猟は高級な趣味の代表格で、ガンルームは心身をゆっくりとさせる休憩室でもある。鉄砲に慣れていない日本人には異様さが強く映るのが一般だが、このオーナーのガンルームはよく整頓され、そこに居る人の気分を落ち着かせる雰囲気を兼ね備えていた。

ガンルームには双方の男性たちだけが入室し、夫人らは別の部屋で待機した。部屋の中央に大きなソファーが向かい合い、オーナーと道面が真正面に座った。オーナーの両サイドに数人の役員が、道面の隣りに池田がそれぞれ座わり対峙した。その他の十数人の役員たちは、向き合ったソファーから少し離れて、立ったままソファーを取り囲んだ。ついさっきまで談笑していた顔が、いずれも別人のようにきりりと引き締まっている。

オーナーは全員の入室を見届けた後、真向いの道面の顔を見ながらゆっくりと口を開いた。

「日本でビールをやりたい」

「わが社はビールのエッセンスをつくる技術を開発した。それを米国から日本に運び、日本で製品化して〝バドワイザー〟の商標で販売したい」

「その際、御社との合弁方式をとりたい」

「ぜひ前向きに考えてくれないか、良い返事がほしい」

極めてシンプルな言葉を使った、わかりやすい提案だったが、事の大きさは計り知れない。これが実現すれば、食品業界で最大規模の日米合弁会社が誕生し、これまで国内資本だけだった日本のビール生産・販売市場が激変し、これを契機に世界規模のビール再編劇が起きる可能性すらある。

オーナーからの提案をひと通り聞いた後、道面は少し間を置いてからオーナーの顔を見ながらおもむろに質問を始めた。

「なぜ今の時点で日本に進出するのか」「どういう理由で合弁相手としてA社を選んだのか」「合弁で新会社を設立する場合の出資比率をどう考えているか」「その際の役員構成は……」――。

何よりもビールのエッセンスとはどんなものなのか。これを米国から日本に運んで製品化して売るというのは、すでにコカ・コーラ社が日本をはじめ世界各国で実施している方式――米国ジョージア州アトランタのコカ・コーラ本社が生産する秘密の濃縮原液を各国に運び、それを現地のボトリング会社が薄めてビンやカンに詰めて製品化し販売する形によく似ている。ビールでこんなことが可能なのだろうか。道面はこの点についても繰り返し質問した。

オーナー側は、米国や世界でのビール市場の現状と将来、とりわけ高成長を続ける日本のビール市場の現状分析と将来見通しなどを、数字をあげながら説明した。日本のビール市場については、極めて正確な情報を持っており、道面たちを驚かせた。

さらに道面からの各種の質問についてもオーナーは誠意をもって答えた。時には専門分野のことについては、ソファーを取り巻く担当役員の助言を借りることもあった。オーナーの指示に従って座っている役員も、立っている役員も必要に応じて発言した。

あれこれと多様に意見交換するうちに時間がたちまち経過し、ガンルームでの真剣な話し合いが終わったのは午前一時過ぎだった。道面は最後に「ご提案の件は日本に帰ってよく検討し、後日、正式にご返事しましょう」と発言して締めくくった。

オーナーや役員たちと邸宅の庭先で別かれる際、オーナーは道面と握手をしながら「どうか良いご返事を……」と念を押した。

道面一行は用意された車で、来た時と同じ長い敷地内を通り、セントルイス市内に向かい、すでにチェックイン済みのホテルに着いた。道面は今日の長い一日の出来事を思い返した。シャワー後にベットに入ってからも、しばらくはその強烈な刺激のために頭が冴え、寝付かれなかった。

道面は帰国してすぐに取締役会を開き、ビール合弁の案件を協議した。そこで得た結論は「当社は基本的に〝水もの〟をやらない」「したがって今回の日米ビール合弁の呼びかけは見送る」「今後、A社は食品メーカーとして、本当のモノ作りに徹する」――というものだった。

セントルイスでの話し合いから約二週間後、道面はアンハイザー・ブッシュ社のオーナーに「せっかくのご提案ですが、当社の事業としてビールは適しません。申し訳ありませんが今回の合弁話をお断りします」と、言葉を選びながら、役員会の結論を慎重に返答した。文章で送るだけではなく、セントルイスでの手厚いもてなしに対する御礼を兼ねて国際電話でも直接その旨を伝えた。

一方で道面は、今回のアンハイザー・ブッシュ社との接触には大きな満足感すら得ていた。初の日米ビール合弁事業こそ実現しなかったが、A社にとり極めて大きな〝収穫〟を得たからである。

それはひとことで言うと、道面が一途《いちず》に進めてきた企業の「国際化」と「〈モノ作り〉技術」重視の経営路線が間違っていなかった、と確信できたことである。

交渉の合弁相手としてA社が選ばれた理由について、道面は手元のメモ用紙に箇条書きにしてみた。
一、A社は国際企業「CP社」（当時コーン・プロダクツ社）と五〇対五〇の持ち株で、日本ですでに「クノール」スープの事業を始動させている。
一、A社は独自の技術を背景に、早くから東南アジア諸国やその他複数の国で現地の企業と提携したり、現地生産・販売するなど国際化に慣れている。
一、したがって少し分野が違うビール事業でも、A社となら意志の疎通を図りながら、合弁方式でうまくやっていけるのではないか、と海外の企業が考えるまでになった。
――こうしたことから日本の企業ではA社が選ばれ、超ビッグな日米ビール合弁事業を持ちかけてきたに違いない、と道面は受けとめた。

いずれにせよ、A社が長年培ってきた、確かな技術に裏付けられた国際企業づくりの実績を、外国の大企業が高く評価したことになる。

さらに今回は、A社の経営基本方針として「〝水もの〟はやらない」ことを全社で確認できた。以後これが継承され、関連会社（メルシャン、カルピス等）はともかく、A社本体では飲料類の〝水もの〟を原則として手がけていない。このことが、本命の食品やその他化成品などの〝モノ作り〟に、資本や技術などの経営資源を集中して投入し強化できる素地となった。

アンハイザー・ブッシュ社がA社にビール合弁計画を提案した一九六三年頃の日本のビール市場は、所得の向上とともに急成長していた。年間二ケタの伸びを続け、ビール各社間の増設増産競争、シェア（市場占有率）争いは熾烈を極めた。当時のシェアはトップの麒麟麦酒（現キリンビール）が約三十九％、二位の日本麦酒（現サッポロビール）が約二十八％強、差のない三位の朝日麦酒（現アサヒビール）が約二十七％強、四位のサントリーが約五％だった。

その後、キリンがシェアを四〇％、五〇％と伸ばし、そしてついに六〇％台に乗せるに至って、いわゆる「独占禁止法」に基づく企業分割が論議された。しかしシェアがひとケタ近くまで落ち込んでいた三位アサヒが「スーパードライ」の発売で巻き返しを図り、ついにキリンを抜いてトップに踊り出て話題をさらった。もちろん企業分割論は立ち消えになった。

さらに近年では本来のビールのほか、発泡酒や第三のビールなどが加わり、複数のビール系商品による激しい販売競争を続けて現在に至っている。

結果的には幻のままで終わったが、あの時期にアンハイザー・ブッシュ社とA社との日米ビール合弁計画が実現していたら、日本のビール市場の地図は現在とはかなり大きく異なっていたに違いない。そしてそれが日本の食品業界地図の変容にもつながり、さらに世界のビール市場の変革をも促したことだろう。

日米ビール合弁交渉の話に戻すと、大学時代そして社会人になってからも米国での生活を経験してきた道面は、米国が持つ二面性すなわち「援助」と「圧力」、「宗教」と「武力」、とりわけ強い軍事力を背景にした自国防衛意識の絶対的な強さを、肌身で理解していた。それは民間企業の場合も共通していた。

だからこそ米国ビッグ企業を相手にしたビール交渉でも道面は堂々と渡り合い、相手のペースに乗せられることなく処理したといえる。

もう一つ付け加えると、今回のビール合弁交渉は同伴した池田安彦にとって貴重な体験となり、その後のA社の国際戦略を練る際に多大な影響を与えた。

「巨象のアーチ」による盛大な歓迎と、「ガンルーム」での徹底した討議——アメリカ流の〝力〟の交渉の凄《すさ》まじさが池田の脳裏に強く焼き付いた。

もちろん巨象やガンは、表向きには客人を迎える際の最大級の仕かけのひとつなのだが、同時にこれらは相手を心理的に威嚇《いかく》する有効な道具にもなる。

事実、交渉した当日は珍しさと驚きとでいっぱいだったが、後から思い出すたびに巨象とガンは強烈な圧力の刃《やいば》として映り、ときにはその残像による恐怖感で身震いするほどである。

米国の国際的な戦略・外交展開の手法にも通じている、と池田は受けとめた。

国家間の外交とは少し次元は異なるが、池田は今回のビール交渉で米国流パワー交渉の神髄を見た思いだった。「日本（国、企業とも）は今後の国際化の中で、しっかりしたアイデンテティーを持たなければ、対抗できずに潰されてしまう」と実感し、そのことを自分に言い聞かせた。

池田はこのビール交渉時を含めた一九六〇—六五（昭和三十五—四〇）年と、道面が社長を退いてからの一九七〇—七五（同四十五—五〇）年の二回に渡る合計十年間、A社のニューヨーク所長を務めた。また欧州での事業展開にもかかわるなど、一貫してA社の海外戦略を担当してきたが、あの時のセントルイスでの強烈な体験と教訓の一部始終《しじゅう》は池田の中にしっかりとインプットされ、その後の国際化を展開する際の判断基準としても取り込まれ、活かされてきたのである。

# 第六章

## ロックフェラー家との交流——
## そして道面のDNAは…

## ロックフェラー家との交流

ここで道面豊信と、世界一の大富豪・米国ロックフェラー家との交流について触れておきたい。

道面は米国ニューヨークでの若きビジネスマン時代から、コロンビア大学やハーバード大学を卒業した産業人たちの集まる場所や、すでに地歩を固めている財界のトップたちが集まる会合などに積極的に出席し、広く交流を図ってきた。

そうした中に当然、石油（エクソン・モービル）や銀行（シティバンク、チェース・マンハッタン）を中心に保険、運輸、化学、教育事業など、数多くの有力企業を持つ大富豪のロックフェラー一族との交流も含まれていた。

現在、A社内に残されているロックフェラー一族についての道面の談話として、次のような内容が語り継がれている。

一九六三（昭和三十八）年の秋に米国出張から帰国した道面は、A社に着くや開口一番「いゃー、ニューヨークの国際経営管理協会（CIOS）大会の会長が、デイヴィッド・ロックフェラーだったよ。CIOSはいわば、世界の財界トップが集まる国連だからねェ……」と、周囲の社員たちにしきりに話しかけ、かなり興奮気味の様子だったという。

だが、こうした話を聞いただけでは、道面がどうして感情を高ぶらせていたのか、そして道面が皆に伝えたかった真意は何だったのかを理解できる社員はほとんどいなかったに違いない。

これを解き明かすにはしばらく時代をさかのぼり、ロックフェラー家の生《お》い立ちと道面との関係をひもとく必要がある。

道面の談話に登場するデイヴィッド・ロックフェラーは、二〇〇三年七月に『ロックフェラー回顧録』を著した。それによるとロックフェラー一族の拠点作りは、一八九〇年代の初めにデイヴィッドの祖父ジョン・D（デイヴィソン）・ロックフェラーがニューヨーク州ポカンティコ・ヒルズの小さな村とその周囲を含む約十四平方キロメートルの土地を買い占めたことから始まる。祖父はスタンダード・オイル社を設立、経営していた。初代である。

ハドソン川上流のこの地域は当時、まだ非常に田舎じみており、森林、野原、湖、小川が広がり、一帯の丘陵には各種の野生動物たちがあふれかえっていた。

やがてこの地で最も見晴しの良い高台にカイカット邸と称する豪邸を建て、祖父母、そしてデイヴィッドの父ジョン・D・ロックフェラー・ジュニアと母アビー・オールドリッチ・ロックフェラーも移り住んだ。二代目である。

カイカット（KYKUIT）とはオランダ語で「展望台」を意味する。この豪邸は一九一三年に完成、一階は住居で接待室、音楽ルーム、複数の食堂、台所などがあり、二階は一族の寝室・ベッドルーム、三階は宿泊・ゲストルームで各室にベッドを配置、四階はサーバントルームの合計四階建てで、部屋数は一—四階全体で大小四十以上にもなる。

デイヴィッド・ロックフェラーは、父ジョン・D・ロックフェラー・ジュニアの末子として一九一五年に誕生した。上には長女のほか、長男ジョン、ネルソン、ローランス、ウィンスロップの兄たち四人がいた。いずれもカイカット邸を拠点に成長し、それぞれの道――ロックフェラー財団など同族団体の役員、投資家、実業家、政治家等――を選択した。

本来ならば五人の男兄弟の中で、当然にも長男のジョンが三代目としてロックフェラー王朝の名を継ぐはずだった。名前をジョンと付けたのもそのためであり、プリンストン大学を卒業後、ロックフェラー財団や同医学研究所など多くの同族団体の役員を兼務して王道を歩んでいた。だが本人は内気な性格で、一族を統率する能力に自信を持てずにいた。そこで兄弟たちは、それぞれ一族の一翼を受け持って父を助け、ロックフェラー家を支えた。

父の死後、結局はハーバード大学院で経済学を学び、ロンドン・スクール・オブ・エコノミクスでの勉学経験もある末子のデイヴィッドが、その積極的な性格と指導力をかわれて、ロックフェラー王朝を継承する中心的な役目を担うことになった。

道面はニューヨークでの財界、産業界の各種会合に出席する中で、一九二〇年代の半ばころからロックフェラー一族と顔見知りになっていた。

初代のジョン・D・ロックフェラーは当時すでに九十歳に近く、めったに会えなかった。代わりに一族の中心的位置を占めて全体を統率していた二代目のジョン・D・ロックフェラー・ジュニアは五十代の後半を迎えた働き盛りで、各種の会合に頻繁に出席して指導力を発揮した。

道面は米国に根付いて二十年強、約四半世紀が経過し、年齢も四十歳にさしかかっていた。道面が交流を深めた相手は、主にこの二代目のジョンだった。

道面が初めてポカンティコ・ヒルズのカイカット邸を訪れたのは、一九二九年の新緑の頃だった。少し前に開かれた会合の席で、二代目ジョンからカイカット邸への招待話があり、道面はそれを受けて実行したのである。

その当日はニューヨークの中心部を車で出発、美しい郊外の新緑に萌えた林や森の中をハドソン川沿いに約一時間北上して、目指すカイカット邸に到着した。

豪邸の立派さと広さは並大抵ではないが、その周囲もまた目を見張るものがあった。

敷地十四平方キロメートルといえば、単純計算で縦横四キロメートル×三・五キロメートルの広さである。その丘陵の最も高い場所に四階建ての洋館が立ち、その周辺に各種の庭園が配置されていた。その名が良く知られている英国ガーデンはもちろん、日本庭園もある。

庭園の散歩道の先にはおしゃれな音楽堂や小さな美術館、陶芸用の建物などが点在し、それらを結ぶ複数の道路や小道・横道のかたわらにブロンズや石像などの彫刻類、各種のデザインを施した門扉などが並び立っている。

これらはいずれもロックフェラー一族が自ら楽しむためのもので、各人の趣味・娯楽に深く関連している。建物の中にある数多くの絵画、彫刻、骨董《こっとう》品、陶磁器、装飾品などは、それぞれが各国・各地から収集してきたものが中心だが、自ら創作した作品も若干含まれている。

外周にはスポーツ施設として複数のプールやテニスコートがあるほか、九ホールのゴルフ場、乗馬用の厩舎《きゅうしゃ》や放牧場などを備えている。

ポカンティコの周辺に住む近隣住民のために、敷地内の縦横を通り抜ける私道をつくり住民たちに開放して便宜《べんぎ》を図っている。

最盛期にそこで働く調理人、庭師、牧者、各種管理人などの人数は、邸宅の内と外とを合計して百十人程度だった、と言い伝えられている。

その日の道面は、萌えるような新緑と明るく降りそそぐ日光の中で、二代目ジョン夫妻の歓迎を受けながらカイカット邸に入った。一階の広い応接間で、ひと通りのあいさつを終えた後、大御所の初代ジョンが顔を見せた。九十歳とは思えないほど背筋がピンとして、元気だった。

休日とあって二代目ジョンの息子たちも居合わせた。長男のジョン・ロックフェラー三世は最も有力な後継者として育ちつつあり、当時二十四歳だった。

五男で末子のデイヴィッドはまだ十四歳で、ハイスクールに通学する少年だった。その時に見かけたデイヴィッドの幼さを残す笑顔が、道面の脳裏《のうり》に焼き付いたまま、いつまでも消えずにいた。

道面がカイカット邸に招かれたのは、ニューヨーク財界人の集まりで知遇を得たのが契機だが、単にそれだけの理由ではない。当時のロックフェラー一族の多くが、日本に深い趣味を抱いていたのである。

実は二代目ジョン夫妻は一九二一年の夏に、中国を主目的にアジアを長期旅行した際、日本に初めて立ち寄った。そこで日本の伝統芸術に深い感銘を受け、以来二人は大の日本好きになっていた。日本各地の神社・仏閣やそこにある数多くの美術工芸品にすっかり魅了されたのである。その結果、日本から米国に帰国する際、日本の着物、能装束、伊万里磁器、葛飾北斎や歌川広重などの浮世絵を中心に、伝統芸術の精華と呼ぶべき傑作をたっぷりと持ち帰っている。

デイヴィッドの『回顧録』によれば、母アビーは日本の美学に大きな影響を受け、いくつもある母の屋敷のひとつひとつに〝仏陀の間〟という特別な部屋をつくり、そこに日本製の彫像や美術品を部屋いっぱいに飾っていた。こうした日本美の探求、蒐集は生涯続けたという。

日本好きについていえばその後、二代目ジョン夫妻の影響もあって、その子供たちにもしっかりと受け継がれた。

長兄のジョン三世は第二次世界大戦後、日米間の政治的・文化的関係を改善するための慈善事業を含む諸事業を推進する中で、日本の田園風景や伝統芸術はもちろん、日本国そのものを深く愛するようになった。ジョン三世は妻ブランシェットと一緒に三十年以上もの間、毎年日本を訪れたほどだ。仕事の関係から日本で多くの知人や友人を作り、日本の良さを満喫した。

東京のインターナショナル・ハウス、ニューヨークの日本協会、ニューヨーク近代美術館の主要展示物などに、ジョン三世夫妻の足跡が現在も確として残っている。

その関連で特筆すべきは、一九七五（同五十）年に昭和天皇が初めて訪米した際に、天皇・皇后両陛下がロックフェラー家を訪れたことである。

普通なら一民間人の家に出向くことは有り得ない。それが実現したのは、戦後日本の復興と成長にロックフェラー家がいかに大きく貢献してきたかの証左でもあった。

カイカット邸ではジョン三世夫妻、デイヴィッドをはじめ、ロックフェラー一族をあげて天皇・皇后両陛下を迎えた。デイヴィッドは『回顧録』で、その時の想いを「両陛下を自宅でもてなすという、めったにない名誉に恵まれた」と記している。

## カイカット邸訪問

一九二九年春

一九二九年春の道面のカイカット邸訪問に戻ると、この時に取得した道面の〝収穫〟は、大きくかつ多岐にわたっていた。

最も重要なのは、米国にとどまらず全世界に多大な影響力を持つロックフェラー一族のトップと直接会話し、諸情報を得る機会が出来たことである。

同年十月にはニューヨーク株式市場の大暴落に端を発した世界大恐慌が広がり、やがてこれが第二次世界大戦へと結びつくのだが、道面がカイカット邸を訪問した時期はまだその気配は見当たらず、嵐の前の静けさを保っていた。

道面は若い時から米国各所で得た政治および経済などの情報を、日本の本社の二代鈴木三郎助、忠治、三代三郎助などに送っていたが、ロックフェラー家との接近によって、以後の情報の内容は一段と豊富になり、かつその精度も高まった。

二代目ジョンの事業展開の意欲と情報収集の能力はずば抜けていた。ロックフェラー財団とロックフェラー研究所の会長を務めていたほか、多くの重要な活動に携わるなど、普通の人とは比較にならないほど有利な立場にいたとはいえ、やはり個人の優れた資質と努力によるところが大きい。

米国全土はもちろん、石油資源の発見に伴ってラテンアメリカ、中東、アジア諸国などに出向き、その地域での銀行・保険業務の開始を指揮した。同時に、広い範囲で慈善事業を実施した。

世界中に直接行って要人に会ったり、あるいは各地に事業の拠点を置きながら、直接・間接に諸情報を得ていたわけだが、そうした一九二六年から一九二九年にかけての主な行動がデイヴィッドの『回顧録』に記述されている。

それによると、一九二六年春には二代目ジョン夫妻は息子のネルソン、ローランス、ウィンスロップ、デイヴィッドを連れて、フィラデルフィアからヴァージニア州にかけての、アメリカ独立戦争や南北戦争の跡地を訪問した。

ヴァージニア州ハンプトンでは、以前から資金援助していた黒人大学（ハンプトン・インスティテュート）でジョンが講演、同州リッチモンドでは州知事と会って自然保護事業について話し合った。最も意義深く現在まで続いているのは、独立戦争以前まで同州の州都だったウィリアムズバーグの歴史建造物復元事業への参加だった。独立後に州都がリッチモンドに移転して以降、ウィリアムズバーグの総督公邸や下院議事堂を含む壮麗な公共建造物は次第に崩壊し廃墟と化していたが、これを見たジョンはこれらの復元に必要な資金の提供をすぐ提案した。

さらに町の中心部を買い取り、全体を植民地時代の状態に復元した。このためウィリアムズバーグは今日、アメリカ人の巡礼地となり、毎年数百万人が訪れて植民地時代の街並みや伝統、習慣などを確かめる場所になっている。

一九二六年夏にはアメリカ西部へ長期旅行に出た。二代目ジョン夫妻、息子ローランス、ウィンスロップ、デイヴィッドと、ロックフェラー研究所病院の若い医師、フランス語の個人教師が同行、二カ月間で全行程約一万六千キロメートルのアメリカ一周旅行を敢行した。

最初にオハイオ州クリーヴランドに立ち寄り、ロックフェラー方の祖母の墓参りや旧ロックフェラー邸、つまりは二代目ジョンの生家を訪れた。ジョンはそこで過した少年時代の思い出話を息子たちに語り聞かせた。

その頃のジョンは自然保護に深い関心を持っていたこともあり、以後の西部旅行の行く先は国立公園や自然保護地域などに集中した。

米国南西部では多くのインディアン集落が残され、貴重な陶器や工芸品、伝統的な舞や儀式などを見物した。そしてジョンはインディアン芸術の保存と遺跡保護の必要性を感じとり、すぐ具体的な保護活動に着手した。

このほか、サンタフェの人類学研究所の創設を支援したり、グランド・キャニオン南端のホピ族の村落を訪ねて見聞を拡げた。

カリフォルニア州ではロサンゼルスに数日滞在して太平洋を見た後、ヨセミテ国立公園で一週間近く過ごした。公園内の公共交通手段の改善や森林伐採を防止するために必要な資金援助について公園関係者と話し合った。

その後はサンフランシスコを南下してサンタバーバラに行き、再び北に戻ってサンフランシスコ北部に回った。ジョンはダイアーヴィル平原周辺に残された未開拓のセコイア林を購入するために、「セコイアを救う会」に匿名で百万ドルを寄付した。その成果として現在も背の高いセコイアの木々が繁茂し続けている。

同年七月十日過ぎにはイエローストーン国立公園に到着した。それまで一カ月以上も各地を回ってきた疲れがたまりつつあった。だがジョンはここでも、公園拡張と美観保護のために山のふもとを流れるスネーク川の周辺の土地の購入を決めた。この土地は家族全員が気に入り、その後も毎年訪れることになる。こうして七月下旬にようやく帰途につき、大西部探検の長旅を終えた。

翌一九二七年夏にはジョン夫妻は息子のウィンスロップとデイヴィッドを連れてフランスを訪れた。自国の米国と同様、ヨーロッパの文化や文明について学ぶことが重要だと考えていたからだ。ジョンはすでにフランス政府に対して名所旧跡を修復するための資金を提供し、フォンテンブロー宮殿やベルサイユ宮殿の修復などに使われていた。その後も必要な資金援助を続けることになり、一行はベルサイユ宮殿に近い美しい古風なホテルに一週間滞在しながら、宮殿の修理箇所を含めた内部や周辺の詳細を十分に堪能した。

さらにロワール渓谷の古城めぐりやモンサンミッシェル、ブルターニュ、ノルマンディーなどの海岸地方を巡った。

一九二九年一月にはジョン夫妻はエジプトの古代文明の発掘現場に招待され、それにデイヴィッドも加わった。数年前に世界を驚かせたツタンカーメン王墳墓が発見されたこともあり、エジプト旅行は極めて魅力的だったようである。

カイロの優美で古風なホテルに一週間滞在し、スフィンクス、ピラミッドなどのほか、バザール（市場）や民族舞踊などを見物した。

ナイル川上流では、今回の主目的であるシカゴ大学の発掘隊が待つ古代遺跡の現場に合流した。現場視察後、同大学への研究支援の継続のほか、現地の考古学博物館への資金提供を申し出た。

さらに一行はパレスチナに向かい、エルサレム、死海、ヨルダン渓谷、ベイルートなどを訪れた。エルサレムでは長い間放置されたままの聖地の古代遺物――ベツレヘム、ゲッセマネの園、岩のドーム、第二の神殿跡の嘆きの壁などを保護するための資金提供を申し出て実現している。

これら一九二六―二九年の相次ぐ国内外旅行について、デイヴィッドは『回顧録』の中で「両親は多くの旅行で私たちの興味を広げ、好奇心を刺激して自然や人物や歴史に目覚めさせてくれた」「おかげで多方面にわたる（ロックフェラー）一族の役割を認識するようになった」と述懐している。

さらにこの時期に、カイカット邸に「（国籍を問わず）その時代に最も世間の関心を集めている人物を何人も連れてきた」という。これらを含めて「両親は学校での立派な教育を施してくれたほか、公式の勉強以上の経験を与えてくれた」と振り返っている。

道面が初めてカイカット邸を訪れた一九二九年春は、このような実り多い一連の国内・外旅行が一段落した時期でもあった。話を再びその時に戻したい。

## ロックフェラーセンターの建設

当時、ニューヨークの中心地に建設が進んでいる壮大な規模のロックフェラーセンターについて、当事者から直接話を聞けるのも道面にとって興味深いことだった。

あとからわかるのだが、結果的に世界大恐慌のさなかに巨額をかけてセンターの建設を強行したことになる。なぜこの時期に勇気ある決断をしたのか、真のねらいは何だったのか。

結論から言えば、これは大成功だった。二代目ジョンが一族に残した最高の遺産となり、米国の希望と楽観主義の不朽の象徴にもなった。足掛け六年後の一九三四年に完成して以降、ロックフェラーセンターは一族の事業家たちが結束して全体を動かす指令塔となり、さまざまな事業の中枢としての役割を果した。

A社のニューヨーク事務所は当時、ロックフェラーセンター建設予定地まで徒歩で約十分弱の、公園通りのNYセントラルビルにあった。道面は外出の度にセンター予定地に立ち寄り、建設の進行状況を遠目で見ていた。

いま目の前にいる二代目ジョンが熱心に説明するセンター建設構想を、同じ事業家の立場で興味深く聞き入った。道面にとり、貴重な体験だった。

世界的に名を知られているロックフェラー財団は、世界各国の教育、学術、慈善などの公共団体に多額の寄付をしている社会貢献事業の中心組織である。これを支えているのは石油、金融、運輸など複数のグループ有力企業の経営で得た利益である。ロックフェラーセンターは、これら社会事業と営利事業の事務所を至近距離内に配置し、一族の諸事業を総合的に統括する文字通りのセンターになるに違いない、と道面は感じとった。おおげさにいえば、後世にロックフェラー遺跡としてその名を残すような規模である。

さらには、個人的なカテゴリー（範囲）になるのだが、その分野でトップに立とうとする者は、重要人物や客人たちを招待したりもてなすのにふさわしい邸宅を持ち合わせるべきだ、ということをカイカット邸は教えた。

ロックフェラー一族のように、約十四平方キロメートル《キロメートル》のポカンティコ・ヒルズの土地とカイカット邸ほどの高級な屋敷はとても無理にしても、せめて複数の客人たちがゆっくりとくつろぎ、喜んで宿泊できる程度の自宅にしたいものだ、と道面は思った。

周囲の木々が柔らかい春の日差しを受けて薄緑の葉を揺らせ、テラスに向けて開け放された窓からは眼下にハドソン川の広くゆったりした流れが眺望できて、その川面が蒼《あお》くキラキラと輝く光景を、道面はいつまでも忘れることはなかった。

その時の思いが後に、自身が東京・世田谷区等々力の自宅を持つことに結び付いた。もちろんカイカット邸にはとても及ばないが、それでも普通よりもかなり広い敷地を取得、そこに外国や国内からの客人たちを招待するのに不足のない家屋を建造して戦中、戦後を住み通したのである。

ロックフェラー一族のカイカット邸訪問については戦後、A社のニューヨーク事務所長だった池田安彦にも鮮明な記憶がある。一九六〇（昭和三十五）年の初夏、米国を訪問した道面社長に付き添ってカイカット邸に初めて向かった。

その年の五月に二代目ジョンが八十六歳で死去しており、戦前から親しくしていた道面はお悔《く》み《や》を兼ねて一族の住む自宅を訪れたのである。

道面は車で直接、高台に構えるカイカット邸へと入って行き、門をたたいた。そこには顔馴じみのジョン三世やデイヴィッドなどの息子たち家族が待っていた。

同行した池田は、本邸とはかなり離れた場所にある別の建物に誘導された。主賓は本邸で接待し、そのほかの随員は高台のふもとの別邸で迎い入れる習わしになっているのだ。

その別邸も立派だった。池田はそこで飲料と軽食をとって一服した後、初夏の温暖な陽光を浴びながら付辺を散策した。

何面かのテニスコートを囲むように庭園や林が連なり、やがて木々の間から広大なハドソン川の流れが見えてきた。遠方が霞《かす》んでいるため確認できないが、この流れの下方に高層ビルが林立するマンハッタンそしてロックフェラーセンターがある。

道面は約一時間後に本邸を離れ、池田と合流してマンハッタンに帰った。池田は車中で道面からロックフェラー一族の様子を聞くと同時に、改めてカイカット邸の存在の大きさをあれこれと思い返した。

一九六三年秋に米国出張から帰国した道面が、いきなり「いゃー、あのデイヴィッドだったよ……」と周囲に感嘆の声をあげていたのは、ロックフェラー一族との長くて深い交際の歴史を背景にしていたのである。

一九六三年九月十六―二十日の五日間、ニューヨークのヒルトンホテルで開かれた第十三回国際経営管理協会（CIOS）世界大会には七十三ヵ国から三千七百人が参加し、「経営改善による人類の進歩」のテーマのもとで、各国の産業人や学者などが連日熱い議論を重ねた。

日本からも合計百二十人強参加し、道面豊信は「明日の経営者と社会的責任」を題に本会議でスピーチしたほか、シンポジウムでは田代茂樹（東レ会長）は「低開発国における技術変化に適応する諸問題」、松下幸之助（松下電器会長）は「私の経営哲学」、岩佐凱実（富士銀行頭取）は「日本銀行の特質と経営近代化」のテーマでそれぞれスピーチした。これらは、急速な経済成長をなし遂げた国・日本からの内容の濃い報告として各国から注目された。

主催国の米国は、当時のケネディ米大統領からのメッセージの披露後に、今大会の会長でもあるデイヴィッド・ロックフェラーが「人類の進歩と経営者の責務」の題で、経済学者のピーター・F・ドラッカーが「情報・コントロール・マネージメント」の題でそれぞれ講演した。同様にその他参加国からの講演や全体の討論もあった。

道面としては、これらのスピーチや議論の内容もさることながら、何よりも印象に残ったのはデイヴィッドが会長の席に座わり、堂々と全体の議事進行とまとめ役を務めている姿だった。驚きと安心が入り交じった、複雑な気持ちすら抱いた。

前述のように道面が初めてデイヴィッドの顔を見たのは一九二九年の早春、カイカット邸の応接間でのことだった。彼はまだハイスクールに通学する十四歳で、日本流にいえば紅顔の美少年の頃だった。

その後も道面はデイヴィッドに何度か会っているが、いずれも父ジョンや長兄ジョン三世に隠れるように、どちらかといえば印象は薄かった。その末っ子で目立たなかったデイヴィッドがやがて成長し、ロックフェラー一族のリーダーに就いたのである。

すぐに道面は「これで一族の将来は安泰であり、その影響力は継続される」と直感した。ニューヨークから東京への帰途についた機中でも、道面は幾度となくデイヴィッドを思い出していた。国際会議の場で自信を持って仕切っている勇姿を、初代および二代目ジョン、つまり祖父や父が見たら、どれだけ感激することだろう。

他人の自分でさえこれだけ感動し、心が揺さぶられたのだから、ジョンが存命だったら……と、思い耽《ふけ》った。

それともう一つ、道面はデイヴィッドの成長した姿を見て改めて自分が「年《とし》（齢）をとった」と実感した。幼なかった少年がやがて成長し、財界トップに登り詰めた現実こそが、時間経過の何よりの証明である。〝世代交代〟の四文字が脳裏をかすめた。

時に道面は満七十五歳、デイヴィッドは同四十八歳だった。それから二年足らず後の一九六五年五月に、道面は戦後の合計十七年間務めたA社の社長を退任し、後進に席を譲った。

# 現在のカイカット邸

ロックフェラー三代が暮らしてきたカイカット邸を含むポカンティコの敷地一帯は現在、財団によって保護・管理され、一般に公開されている。もちろん空き家である。

一九七六年、カイカット邸は米国の国定史跡に指定されたのだ。その周囲の大庭園区域は歴史的、建築的、美術的に重要性があり、そのほかの空地を含む周辺は公園として保護する必要がある、との判断から全体がそのまま残された。

二〇〇七（平成十九）年六月二十二日、米国取材のために数日前からニューヨーク入りしていた筆者は、道面豊信とロックフェラー一族の足跡を追ってポカンティコのカイカット邸に向かった。かつて筆者と同じ部署にいて、当時ニューヨーク在住だった日経アメリカ社の社長が同行した。

旅行案内会社の指示通り、午前八時四十五分にマンハッタンのホテル前から車で出発、ハドソン川沿いに北上して森林や渓谷を眺めながら約一時間後に目的地の一端に到着した。

そこは財団の管理事務所で、ポカンティコ地域の案内図やカイカット邸に関係する展示物などが置かれ、売店にもなっている。見学者はここの駐車場に自分の車を停《と》めて、そこからは専用バスに乗り替えて敷地内部に入る。当日は他州から来た米国人夫妻二組などとわれわれ二人の合計八人が一緒に、ベテラン女性ガイドの案内に従った。

専用バスに乗って約十分、長い坂道を登り切ったところに大きな門（ゲート）があり、それをくぐった先に四階建ての荘厳なカイカット邸が現れた。

正面の門には「NOVEMBER, 21, 1976」との文字が刻んである。この豪邸が国定史跡に指定された日である。ガイドから由来の説明をひと通り聞いた後、いよいよ本邸内部へと進んだ。

待合室、応接間、音楽室、複数の予備室や食堂など、一階のフロアだけでも一巡するのにかなりの時間がかかる。

テーブルや椅子、調度品類などがほぼ当時のまま残されている。メインの応接間では、約八十年前に初めてカイカット邸を訪問した道面が、この場所で二代目ジョンと向かい合わせに座り、息子らのジョン三世やデイヴィッドたちと顔を合わせたに違いない、と想像してみた。

各部屋には、日本を含めた各国の工芸品や陶磁器類が国別に棚いっぱいに飾られていた。日本のそれも一部屋にあふれるほどの数が並んでいた。これらの多くは二代目ジョン夫妻が訪日した際に収集したり、海外から買い入れたものだが、中には一族の誰かが収集して持ち込んだ品もかなり含まれている。

部屋の壁や廊下には、各国の巨匠や著名な画家・彫刻家などの作品が何気なく飾られたり、並んでいる。その中に、ケンゾォウ・アサダの絵画とイサム・ノグチの彫刻があった。

豪邸内をゆっくりと見た後、ガイドの誘導で庭に出た。数多くの趣向の異なる庭園が連なり、季節の草木や花が競うように自己主張して並んでいる。

豪邸の周囲は東西南北いずれも散策できる。庭を区分するように配置されている門扉や塀《へい》は美的なバランスがとれており、どの角度から眺めてもまるでヨーロッパの宮殿の庭の一角にいるような錯覚を起こさせる。

歩いていると突然、ゴルフ場の広がりが木の間から見えた。さっそく近づいてみると、そこには打ち下ろし三番ホールのティーグランドがあった。立ってみると、眼下に緑の芝生が萌え広がり、その奥にかすかな稜線が見えた。実際にここからボールを打つと仮定して、まっ青な大空に舞い上がった白球が淡い稜線を背景に落下し、やがて緑の芝生に着地して転がって行く――こんな情景が思い浮かんだ。

圧巻はやはりハドソン川を眼下にした眺望である。壮大でゆっくりした流れが蒼く輝きながら移動して行く様は、まさに筆舌《ひつぜつ》に尽くしがたいほどである。カイカット邸を中心とする周辺の風景が、この壮観さを引き立てている。

最後の締めはユニオン教会（Union Church of Pocantico Hills）である。敷地内の低い平地に立つこの教会は、ロックフェラー一族が定期的な礼拝に使っていたほか、親族の不幸などがあった際に使用していた。

教会の建物自体はそんなに大きくはない。むしろ周囲の林に溶け込むように小さく目立たない。だが全体に荘厳さが保たれ、落ち着いている。何よりの見どころは、教会内に入室するとすぐに、巨匠シャガールとマチスが描いた壮麗なステンドグラスを身近かに鑑賞できることである。聖書のルカ伝をモチーフにした美しい絵が、光を受けて映し出されている。

あちらの造形物、こちらの景観などを見て回っているうちに、たちまち二時間余りが経過した。日本から持ち込んだ三十六枚撮りのフイルム一本が、カイカット邸めぐりだけで撮り終えていた。ガイドにせかされながらバスに乗り、出発点の財団事務所に戻った。そこでカイカット邸を中心とするポカンティコの見学ツアー一行は解散し、各人の車に乗り換えて帰途についた。

普段は観光地などで案内本やパンフレットをあまり買わないのだが、今回は見た対象が多種多様で記憶し切れない恐れがあることから、売店で「KYKUIT THE HOUSE AND GARDENS of the ROCKEFELLER FAMILY」（カイカット　ロックフェラー一族の家屋と庭園）というタイトルのカラー八十ページの解説本を購入した。十四ドル《ドル》九十五セント《セント》（約千二百円）だった。

後日になって何度もページを開いているが、その度にあの日実際に見たときの美しい情景が蘇《よみがえ》り、飽《あ》きることがない。

# ロックフェラーセンター

ロックフェラー家の三代が暮らしていたポカンティコの豪邸をあとに、こんどは同家のビジネス拠点であるマンハッタンのロックフェラーセンターに向かった。その日のうちに世界一の富豪の「住まい」と「仕事場」の二つを見比べて、ゆっくりと思考を重ねてみたかったのである。

ロックフェラーセンターは、二代目ジョンが後世に残した偉大な遺産として今もニューヨークのど真ん中に生きづいている。

二代目ジョンは、一九二九年十月に起きた世界恐慌の少し前からセンター建設計画を立案し、世界恐慌のただ中で建設に着手した。初期の建物が完成したのは一九三四年、全体が整ったのは一九四〇年である。

現在の全容は、ニューヨークの五番街とアメリカ街の間の、西四十八—五十一丁目の三ブロックにかけて、合計二十一のビルが集まる大複合施設になっている。

ロックフェラー一族が所有する各種の企業や慈善事業の事務所をこれらのビルに収め、センターの名にふさわしい指令塔としての機能を果している。

ロックフェラーセンターは単にビルを並べて事務所をまとめただけではない。

コンサートホール、各種スタジオ、メトロポリタンミュージアムショップ、公園、イベント用の広場など、誰もが出入りし、利用できる公共性の高い施設や空間も配置した。

ロックフェラーセンターの周辺には、セントラルパーク、マディソン街、近代美術館、五番街の高級店、タイムズスクエア、ブロードウェイ、カーネギーホールなどがある。ニューヨークを訪れた誰もが、必ずロックフェラーセンターの一角に出くわすような位置にある。

このためロックフェラーセンターは、ニューヨークのミッドタウンの象徴となり、ランドマークにさえなっており、絶え間なく多くの人たちが行《ゆ》き来《き》している。

午前から午後の早い時間にかけて、たっぷりと味わってきたポカンティコの非日常的な静寂さと広がり。そして同日の午後四時過ぎに立ち寄った高層ビルが林立するロックフェラーセンター周辺の躍動と喧騒。

ニューヨークに行くたびに何度も訪れているロックフェラーセンターだが、この日は改めてその現場に立ちつつ、世界恐慌の中でセンター建設を決断・実行した二代目ジョンのねらいについてしばし思いを巡らせた。

その筋に詳しいニューヨーク在住の日本人エコノミストから聞いた話では、ロックフェラー一族が現在所有する総資産は日本円換算で合計約千五百兆円になるだろう、という。

どこかで聞いたことのある数字だと思ったら、一時期によく言われていた日本人全体の総貯蓄額と同じである。

もちろん、その後の経済状況や円とドルの為替変動によって数字は変わるのだが、ロックフェラー一族の資金力やパワーの規模を知るうえで、簡単でわかりやすい一つの目安となる。

## 道面社長退任——鈴木恭二にバトンタッチ

一九六五（昭和四十）年五月

Ａ社が食品分野への本格展開を始動した一九六五（昭和四十）年春には、道面豊信は社長に就任して十七年を経過、年齢は満七十七歳になっていた。

戦中戦後の困難を乗り越え、ようやく企業の基盤固めを終えて躍進への新段階を迎えつつあったが、今後のより良い発展のためにはそろそろ後進に道を譲り、次の新しい展開を託す時期がきている、と道面は考えた。幸いにも直近の危機的状況を克服して一段落したところである。

さっそく実行に移そうと、次の社長候補としてかねて考えていた鈴木恭二副社長と渡辺文蔵常務の二人を改めて思い浮かべた。

両人とも戦中戦後の苦しい時期を経験し、戦後の発展期では社内体制の確立をはじめ、海外展開、協和発酵工業との交渉、新生産体制の構築、経営多角化への舵取《かじと》りなどの重要案件について、道面社長とともにことごとく関与し乗り切ってきた。

道面が特に重視している経営トップとしての資格要件は、時代の先を読む先見性や実行力、そして社員を適材適所に配置して能力を発揮させる指導力、過去にとらわれずに新しい事態を柔軟かつ合理的に受けとめて処理していく対応力などだが、両人とも全く問題はない。それに道面が率先《そっせん》して実際の経営の中で示してきた「国際的に通用する物の考え方やその正当性」についても、両人は完全に理解している。

いろいろ考えた末、道面は鈴木恭二を後継社長にすることにした。

二人に甲乙をつけがたいときは、まず社内の序列通りに選ぶことが自然である。鈴木恭二は創業家・三代鈴木三郎助の長女の婿ではあるが、社長就任を機に以後のA社を単純に鈴木家のファミリー企業に戻そうなどと考えるはずはなく、もっとスケールの大きい視点を持ち合わせている、と道面は読んでいた。

年齢から言えば、渡辺文蔵の方が鈴木恭二よりも二つほど年上である。渡辺は考え方が若くて柔軟なうえ、若い時に水泳で習らしただけあって身体も健康そのものだ。

年齢順に渡辺を先に社長にすれば、その後に恭二が社長になる可能性は薄《うす》くなるが、恭二を先に社長にすることにより、渡辺がその次の社長になる芽は残る。

こうして道面は鈴木恭二をA社の五代目社長にすることにした。公表する前に誰よりも先に会長の三代鈴木三郎助に恭二社長案を提示した。三郎助がこれを快諾しないわけはない。

三郎助は普段の険しい表情を思い切り緩《ゆる》めて、道面との長くて深い信頼関係を改めて確認した。

## 最後の入社式あいさつ

一九六五（昭和四十）年四月

道面は在任最終年の一九六五（同四十）年四月に行われた入社式で、新入社員を前に以下のような社長あいさつを述べている。

## 道面社長あいさつ――四つのＰ

『本日ここに入社式を迎えられた諸君――明日を担《にな》う諸君――に期するところ大なるものがあります。そこで私は「四つのＰ」を今日の諸君へのはなむけの言葉にしたいと思います。

一、Prosperity ＝繁栄

二、Progress ＝進歩

三、　Peace　　＝平和

四、　Pride　　＝誇り

安定した生活なしには、日々の仕事に万全をつくすことはできません。その上に立ってこそ進歩があり平和があるのです。そして、この中で何よりも大切なのが誇りであります。会社に対して、仕事に対して、そして自分自身を誇りに思うこと、すべてはそこから出発します』。

新入社員を前に演壇に立った道面は、これが社長として最後の務めの一つであり、いわば若い人への〝遺言〟になることを自覚していた。例年の内容とは少し趣《おもむき》を変えて自社の事柄には触れずに、全体を広がりのある大きな項目（単語）で構成した理由でもある。

英語に堪能な道面らしく「四つのP」を掲げ、その中で最も大切なのは「誇り（Pride）」だと言い切った。

若い頃に志を立てて海外に渡り、戦争を挟《はさ》んで幾多の試練を乗り越えてきた挑戦者・道面が自身の人生を振り返り、自分の後継者たちのために最終的に絞り込んだ一言として重さがある。

国際社会の中で、日本人というどちらかというと肩身が狭く弱い立場ながら、堂々と渡り合って荒波を越えてきたのは、いかなる場合でも内に秘めた強い誇りを持ち続けていたからだ。「プライド」こそ、本人のそれまでの七十七年間を支え、自身が最も大事に守り抜いてきたものだった。

この言葉を最後に、道面は後進に道を譲り経営の第一線からあっさり身を引いた。

## 鈴木恭二社長誕生――「ステイ・ヤング」

一九六五（同四十）年五月の株主総会とその後の取締役会で、戦中・戦後を通してA社の経営を指導し復興の重責を果してきた三代鈴木三郎助会長と道面豊信社長の二大トップが退任し、ともに取締役相談役（同年十一月には相談役）になった。代わって鈴木恭二社長、渡辺文蔵副社長の新しい布陣を敷いた。

戦後二十年という区切りを迎えて一つの時代が終焉し、新しい世代による展開がスタートしたのである。

A社の五代目社長に満五十六歳で就任した鈴木恭二は開口一番「ステイ・ヤング（Stay Young）」のフレーズを重ねて強調した。

MSG生産での新発酵法実用化と複合調味料分野での強力ライバル出現という二つのショックに直面した際にも、恭二は「あまりにも座り心地の良い座布団に慣れ過ぎた」との厳しい反省の言葉を連ね、社員全体の意識変革の必要性を訴えていた。

新社長になったいま、改めて「全社員の中に知らずしらず芽生えている大企業病やマンネリズムを思い切って変えてほしい」「そのための具体策として、新入社員の積極採用、セクショナリズムを排した組織の活性化、新製品開発への意欲的取り組みなどを実施する」と宣言した。

以後、鈴木恭二社長の新体制のもとで、A社の本格的な経営多角化や一層の国際化が進展するのだが、その際一貫として重視したのは「ステイ・ヤング」の精神だった。

そこには、「(A社は)企業としてまだまだ未熟であり、解決すべき課題は山ほどある」「油断せず、いつまでも新鮮な気構えを持ち続けよう」「原点に立ち帰り、若さを失わずに成長しよう」などの複数の意味が込められていた。

道面豊信から鈴木恭二へのバトンタッチによりトップの年齢は一気に二十歳強も若返った。これは新時代の幕開けであり、日本経済全体や個々の日本企業がさらに大きく変化し躍進するためには最も望ましい姿だった、といえるだろう。経営トップが若返り、新時代の企業づくりに若い感覚で挑戦する——「ステイ・ヤング」のもう一つの意味合いでもある。

その後のA社の展開については、歴代社長の名前と就任期間だけを列記し、道面豊信が社長在任十七年間に築き上げた経営の流れについて若干触れておきたい。

# 歴代社長と選出の流れ

A社の歴代社長（カッコ内は就任期間）。

初代社長　鈴木　三郎助（二代、一九一九年六月―一九三一年三月）
二代目〃　鈴木　忠治（一九三一年四月―一九四〇年八月）
三〃　鈴木　三郎助（三代、一九四〇年八月―一九四七年五月）
四〃　道面　豊信（一九四八年五月―一九六五年五月）
五〃　鈴木　恭二（一九六五年五月―一九七三年五月）
六〃　渡辺　文蔵（一九七三年五月―一九八一年六月）
七〃　歌田　勝弘（一九八一年六月―一九八九年六月）
八〃　鳥羽　董（一九八九年六月―一九九五年六月）
九〃　稲森　俊介（一九九五年六月―一九九七年六月）
十〃　江頭　邦雄（一九九七年六月―二〇〇五年六月）
十一〃　山口　範雄（二〇〇五年六月―二〇〇九年六月）
十二〃　伊藤　雅俊（二〇〇九年六月～）

米国流の合理主義と近代経営のセンスを身に着けていた道面は、次の社長を選ぶ際に「その時代の企業トップとして最も適した人物」を基本とし、それを実行した。同族企業から一般企業へ、ファミリーカンパニーからパブリックカンパニーへの脱皮の手法でもあった。

鈴木恭二や渡辺文蔵が社長だった時期には、社内に「次は創業家から社長が……」の、いわゆる〝大政奉還〟の声があちこち出回っていたが、公募による新制大学卒の採用一期生である歌田勝弘が渡辺から七代目の社長を引き継いだ以降は、こうした声はピタリと途絶えて現在に至っている。社長はその時代にふさわしい最適の人を、という道面の哲学がしっかり根付いているといえる。

## 道面のモットーと経営理念

### 一九八一（昭和五十六）年　三月社葬

道面豊信は一九八一（同五十六）年三月八日、長い病院生活の後に満九十二歳で死去、天寿を全《まっと》うした。

同年三月十七日には築地本願寺で社葬が行われたが、葬儀委員長を務めたA社六代目社長の渡辺文蔵はそのあいさつの中で、道面について多くの功績やエピソードを語っている。

さらに後日発行されたA社の社内報臨時号『故道面相談役をしのぶ』で、渡辺文蔵は改めて文章で道面経営の何たるかについての記述を残している。

道面のモットーは米国仕込みの『フェアプレーの精神で』であり、米国野球の大リーグやアメリカンフットボールなどのスポーツにも通じた、最も短かいフレーズとして社内で広く知られている。

また道面の経営理念は、集約すると次のようになる。

『会社が繁栄し、株主を優遇し、従業員がよい待遇を得ることだけでは、わが社の事業として満足するわけにはいかない。およそ事業というものは公共性を考え、Public Services の段階に達することが必要である。それは社会に貢献するということであり、生産・経営の合理化を図ってより良い品質のものをより安く大衆に提供することはもちろん、事業を通して少しでも社会を良くするようにしたい。この理想に向かって常に努力していきたい』

企業の果すべき社会的責任（今でいうCSR）について触れているわけだが、日本経済が戦後の復興期から脱し、ようやく成長期に入ろうとしていた昭和三十年代の初期に、すでに道面が何十年か先を洞察しながらこうした卓見を経営理念として持っていたことに、渡辺は驚きと尊敬の念を込めてその全内容を紹介している。

——道面豊信はいま、生まれ故郷の広島市の墓地に在《あ》る。

## 道面のDNA――継承者は誰か

道面豊信の社長在任十七年の長さは、創業家の人たちさえ経験しなかった。A社ではもちろん最長記録であり、今後も更新されることはないであろう。戦前から戦中そして戦後という変化の激しい特殊な時代背景があったとはいえ、やはり道面自身が持つ強力なリーダーシップ、余人をもって代え難い対応力や実行力がそうさせた、といえるだろう。

社長在任の時期は、戦後日本の混乱期から奇跡の高度成長期までの、いわば企業基盤作りの最も重要な時期と重なっていたので、道面経営の痕跡はいまなおA社内に生々しく残っている。具体的には国際化の大胆な展開と技術重視の姿勢、そして時代の要求に沿った多角経営の積極的な推進などを軸にした現在のA社の基本路線そのものが、道面のＤＮＡ・経営哲学の延長線上にあるともいえる。

道面がA社を去って久しいが、そのＤＮＡ・哲学をその後、A社の中で誰がどのような形で引き継いできたのか。

ＤＮＡとはデオキシリボ核酸のことであるが、ここでは簡単に「遺伝子」といった意味で使いたい。したがって道面豊信のＤＮＡの継承者とは、道面の経営方針・考え方を正確に理解し、それをその後のA社内に確実に伝え残してきた人のことである。

あくまでも私見だが、個人でいえばその筆頭は池田安彦である。道面が戦後、次々に事業の国際展開を進める中で、池田は米国ニューヨーク、欧州などの現地でこれらの事業を具現化していった。欧米企業との重要な提携交渉の場には、常に道面社長と一緒に臨んだ。

数多くの交渉時間を共有しながら、池田は道面から多くのことを学び、身につけた。そして道面が去った後も、池田はA社の海外事業担当を長く務め、専務や会長として重責を果した。

道面のDNAの引き継ぎについて、池田本人は「とても恐れ多くて……」と遠慮がちに言葉を濁すが、客観的にみて道面の影響を最も多く受け、それを経営の中で継承してきた代表格である。とりわけA社の国際化の推進と発展については、池田を抜きに考えられない。

もう一人は江頭邦雄である。本人自身は入社のいきさつを含め、道面豊信との因縁の深さを強調し、筆者に「私こそが道面さんのDNAを引き継いだ男だ」と重ねて語っていた。道面を企業経営者として心底から尊敬している様子だった。

これに対し、江頭を良く知る社内の先輩役員経験者からは「それはどうかな?」との疑問の声が出ているのも確かである。

だからと言って江頭以外には、道面のDNA継承をはっきりと名乗り出る役員や社員は見当たらない。江頭は道面を語る際には一段と熱が入り真剣だった。また入社以来ずっと期待していた海外駐在を一度も経験できなかったにもかかわらず、道面を心の支えに努力を続けた。そしてついには十代目の社長に登り詰め、新世紀にふさわしい合理的な近代経営を展開して業績をあげた。これらをもって道面の後継者の一人である、と筆者は認知したい。

江頭社長時代の二〇〇二—〇四年度の三カ年計画では、最終年度にグループ全体を連結ベースで、①売上高一兆一千億円、②税引き後利益四百五十億円、③ROE（株主資本利益率）一〇％以上——との数値を目標にした。そのための経営戦略として、成長分野での事業拡大、高収益構造への転換、コーポレートガバナンスの強化、世界に通じる人材の育成、よき企業市民としての社会と共生——の五つを掲げて実行した。

A社はこの数値をほぼ達成し、かねての目標「食品・アミノ酸系の日本から出発した世界企業」への地歩を確かなものにした。いわゆる「世界で通用するグローバル企業の仲間入りを果した」（当時の江頭社長）のである。

個人を離れてみると、道面のDNAは経営トップの個々の段階にとどまらず、A社全体・全社員に引き継がれているともいえる。

現在もなお、A社全体が国際化と技術重視、時代に合った多角経営の展開を推進する中で、社員は日常の仕事を通して無意識のうちに道面のDNAを引き継ぎ実践している、との観点である。

個々の企業にはそれぞれ独特の個性がある。その生い立ちや永年の経営実績・歴史などにより培われるもので、それが企業風土・文化として引き継がれ定着するわけである。その意味では、A社の社員全体が道面からバトンを受けとっている、との見方が成り立つのである。

## 創業百周年――伊藤雅俊社長の目指す将来像

A社は二〇〇九年秋に創業百周年を迎えた。その直前の六月に十二代目社長に就任した伊藤雅俊は、次に目指すグループの将来像として「食と健康そしていのちのために働くグローバル健康貢献企業グループ」を掲げた。そのための基本戦略は、①付加価値型事業・商品への重点化、②海外での成長加速と国内の収益安定化、③グループ経営体制の強化・整備――の三つに集約される。

近時点では中期経営計画（二〇一一―一三年度）の中で、「食」「アミノサイエンス」「健康」の各事業分野における「より確かなグローバルカンパニー」を目指す、と明文化している。

グローバル化を進めるには国籍やキャリアを問わない多様な「人財」力の結集が必要なため、海外グループ会社からの本社登用や海外主要グループ会社の経営幹部の多国籍化、日本に留学している外国人学生の採用などを手がけている。

全体の人財力、組織力を高めるための共通の価値観を「味の素グループＷａｙ」として明文化し、具体的な柱として「新しい価値の創造」「開拓者精神」「社会への貢献」「人を大切にする」の四つに体系化した。

これらを全社員が意識して行動するよう促すと同時に、人事評価制度にも取り入れている。

こうした最近の中長期計画や価値観の内容などについて大胆に言い切れば、いずれも創業家および道面豊信ら先人たちが築いた土台や基本路線に沿いつつ、それに続く後継者たちがその時代が求める新しい要素を加えながらさらに発展させよう、としている姿が読みとれる。

A社は二〇一二（平成二十四）年三月期の連結決算では、売上高一兆一千九百七十三億円、営業利益七百二十五億円強と過去最高を記録した。売上高のうち海外が占める割合は約三十四％である。

今後の見通しでは、特別な変動要因がない限り、売上高および営業利益とも毎年数％ほど伸ばし続け、海外比率も全体の三分の一強を堅持していくことにしている。

ここまで企業規模が大きくなり、しかも海外に広く展開していては、A社全体の舵とりはもはや少数の個人だけでは不可能である。

これからも、意識するかしないかにかかわらず、社員ひとり一人が先人たちのDNA継承者としての役割を持ち、自然体の中でそれぞれの課題に取り組んでいくことになろう。

企業の実力は、その企業で働く社員の質と量の相乗＝人材の集積で決まる、という。そしてその塊《かたまり》が大きければ大きいほど、企業全体の実力がパワーアップされる。

この図式は当然、A社にもそっくり当てはまることだろう。

# 終章　おわりに

# 終章（おわりに）

戦前、戦中、戦後の激動の中を生き抜き、後世に功績を残した経営者・先人の足跡を史実に沿いながら掘り起こし、これからの日本の未来を考える際に少しでも役立つようにしたい、という筆者の取り組みは終わろうとしている。

振り返って改めて思うのは、この執筆がこれほど手間がかかり時間を要するとは思わなかった、ということである。道面本人が直接書き残した文章などが当初は全く見つからず、社史に出てくる短かい紹介や記述があるだけなので、かなり苦労することは初めから覚悟していたのだが、現実はこうした予想をはるかに超えた。

それに日米開戦前後の国際情勢や、戦後のＧＨＱによる占領政策の実体などの歴史と背景などを探り始めると、とてつもない深みにはまり、そこから抜け出せないような恐怖感さえ持った。正確な歴史的事実をよく知らないままこれまで過してきたという証明でもあるが、それを補おうと関係資料や書籍を読みこなすのに時間がかかった。

それでも幸運だったのは、過去に筆者は本人自身と、記者と取材先企業トップという関係で何度か直接会っていたほか、少ないながらも本人をよく知る周辺の重要人物にも接触し、いろいろと取材できたことである。

当初は新世紀入りの二〇〇〇年ごろから取材・執筆する予定だったが、実際は退職する時期がずれたため二〇〇六年から本格的に取り組んだ。構想十年、執筆五年余というところである。

資料不足で執筆が進まない半面、関係者から時間をかけて重ねて取材したり、関係する場所・地域に何度も出向くことが出来た。国内では広島に二回、海外では米国ニューヨーク二回とシアトル一回、ヨーロッパ主要都市を二回訪れた。とりわけニューヨークでは、本人が住んでいた家、在籍していた大学、入居していた事務所、仕事のため巡っていたであろう商店街やビル街など、およそ思い着く場所のすべてを回り、実際にそこに立ち止まってみた。

本人は約七十—九十年前に、ここで何を考えていたのか、そしてどう行動したかなどを、その場所でじっくりと思い耽った。いつの間にか、本人そのものになりきっている自分がそこにいた。

本人と初めて出会ったのは一九六二（昭和三十七）年で、道面社長七十四歳、筆者二十三歳だった。それから約半世紀を経過して、いつの間にか筆者は出会いのころの道面社長の年齢に近づいたことを知り、愕然《がくぜん》とした。

時の流れの速さもさることながら、その間に残した仕事内容の量や質を比較すると、時代背景や職種が異なるとはいえ、いろいろと複雑な深い思いが迫ってくる。

せめてその時代に真正面から挑戦した先人の足どりを正確に記述し、日本のこれからを考えるうえで役に立てば……と試みたが、実際にどう受けとめられるかは正直言って読者の判断を待つしかない。もしこの意図が伝え切れていないとすれば、それは筆者の力不足と認めざるを得ない。

それにしても最近気になるのは、日本の若者に事なかれ主義や内向き志向が強まり、チャレンジ精神が弱まっていることである。海外留学や海外駐在などを避けたがる傾向が強くなっているといわれているが、これはグローバル化が進む国際社会の中では日本の近未来の地盤沈化につながる。若者は先人たちを乗り越えて、日本の新しい諸課題に果敢に挑戦してほしい、と切に思う。

◇◇◇◇◇

本書をまとめるにあたり、実に多くの人たちのお世話になり、支えていただいた。国内・外で取材して話を聞いたり、資料を提供してもらった人たちを含めると数え切れないが、その中で特に深くかかわり、改めて感謝したい数人をあげてみたい。

その筆頭は池田安彦氏である。同氏は道面氏が社長に就任する直前の一九四七（同二十二）年九月に入社、一九六〇―六五年と一九七〇―七五年の二度にわたり米国ニューヨークに駐在したほか、ヨーロッパにも駐在するなどA社の海外担当の責任者を長く務めた。

その間、道面社長の海外戦略を支え、その片腕とさえなっていた。道面社長を最も良く知る人物として誰もが認めるところである。

池田氏に対しては本書の主要な部分――入社面接の際の道面社長とのやりとり、ロックフェラー一族との接触、米国大手ビール会社との交渉、国際戦略の基本と展開――などについて、筆者は根掘り葉掘りの取材を繰り返した。ある程度文章化した段階で、池田氏から事実関係の誤りや疑問点の指摘を受けるという時間のかかる困難な作業に参画していただいた。かれこれ五年にわたって、池田氏のA社特別顧問室に合計二十回強は訪問した。

あくまでも史実に基づく正確な記述でありたい、という筆者の熱い思いを池田氏が厚意で受け入れ協力していただいたものだが、完成した本書の内容の全責任はもちろん筆者にある。

筆者が初めて池田氏に出会ったのは、第一次石油ショック直後の一九七四（同四十九）年五月の米国ニューヨークだった。

日経新聞のカナダ特集を制作するため、単身で約一カ月間カナダ全土を取材して回った際にニューヨークに立ち寄ったのだ。当時は週末になると、静かなカナダを離れて賑《にぎ》やかで何かと便利なアメリカの都市に行って息抜きし、また週の初めに仕事をするためカナダに戻るのがごく一般的な行動だった。

その流儀で、北米東海岸寄りに行った時の週末にカナダ・トロントから飛行機でニューヨークに行き、その日の夕方に取材を兼ねてA社のニューヨーク事務所を訪れた。

所長（米国社長）である池田氏は、世界の食糧供給地としてのカナダの位置付けなど、こちらからの質問にひと通り答えた後、逆に筆者に「日本は今後の日米関係をどう考えているのか」「日本の資源政策についてどう思うか」など矢継ぎ早に問いかけてきた。その質問は鋭く、姿勢は粘り強い。

夜には日経のニューヨーク駐在の友人記者と食事や懇談を予定していたので、その時間がなくなるのではないかとハラハラ心配しつつも池田氏と真剣に向き合ったことが、今でもはっきりと記憶に残っている。

それから三十五年以上も経過した後、執筆を機に再度出会い、お世話になるとは夢にも思っていなかった。奇跡に感謝する気持ちである。

池田安彦氏は二〇一二年五月末に、病気のため八十九歳で逝去した。この著作が手書きの四百字詰め原稿用紙の段階でほぼ完成した時期と一致する。もう少しのところで……と残念な思いでいっぱいである。

もう一人はやはり故人の江頭邦雄氏である。入社年次が一九六二（同三十七）年と一緒で、社長就任時期も同じだったこともあり、筆者とはあるパーティーでの出会いを機に親しくなった。

筆者が、道面社長の時代にA社に出入りし取材していたこと、そして道面氏の足跡をたどる執筆の意向を持っていることを伝えると、江頭氏は驚くような表情でこう言い切った。「それは奇遇ですねェ。実は私がA社に入ったのは道面社長が縁だったし、私自身は道面社長のDNA（遺伝子）を継いでいると思っています」。

同氏によれば、いまやA社内でも道面社長を直接知っている人は少なくなり、まして外部の人から道面氏の名前を聞くのはこれが初めてだ、という。

筆者はフリーになってから予定通り道面氏について本格取材・執筆を開始、そのための二度目の米国ニューヨーク行きを計画していた二〇〇七（平成十九）年六月に、当時の江頭会長から「ニューヨークでお手伝いできることがあれば……」との申し出があった。

現地ニューヨークでは十日余りの日程のほとんどを自作の予定表通りに取材して回ったが、日本に帰る二日前になって、どうしても地理がわからず一人で行けない遠隔地が二カ所残っているのに気がついた。

急遽、江頭氏の言葉を思い出してA社の米国社に電話で連絡、事情を話した。すると日本の本社から事前に知らせがあったとして、直ちに社員一人と道路や地理に精通している運転手を用意してくれた。この一日間の協力を得たお陰でニューヨークでの取材は完成した。

江頭邦雄氏には、入社に至る道面社長との面接内容を含め、今回の取材を後押ししていただいた。その後、A社の会長のまま日本経済団体連合会の副会長などを歴任したが、二〇〇八（同二十）年四月、病いのため惜しまれながら永眠した。


A社の関係では道面社長の在任十七年間、一貫して社長秘書を勤めた田中治子さんに感謝したい。道面社長の典型的な社内での一日を詳細に教えていただいたほか、仕事以外の時間での道面社長の素顔や周囲との会話の内容などを、許せる範囲で語ってもらった。

道面家との関係では、ともに道面豊信氏のお孫さんにあたる井上忠久氏と道面典子さんに協力を得た。

井上氏は道面氏の長女信子さんの長男、典子さんは道面氏の次女明子さんの長女である。

とりわけ井上氏には約五年間にわたり諸資料や情報の提供をいただいた。道面豊信氏が戦前最後の米国訪問から帰る際に記念として日本に持ち帰った乗船パンフレットは、正確な日時や当時の食事および音楽メニューなどを知るうえで貴重だった。

そして取材・執筆の終盤にあたる二〇一〇（同二十二）年秋になって井上氏から提供を受けた道面氏直筆《じきひつ》の手紙および葉書の約四十通は、本書の内容全体の信頼性を裏付ける決め手になった。

これは妻玉子さんと一緒に帰国した後に、道面氏がもう一度単身で一九三九年後半に米国を訪れて各地を巡って要件を処理し、最終的に帰国を決断して日本に向かうまでの状況などを、新婚間もない長女信子さん夫妻あて（井上姓）に書き送ったものである。信子さんは二〇一〇年九月に逝去、これを機に井上氏が残っていた遺留品を整理した際、道面氏直筆の手紙類がそっくり出てきたのである。

これまでA社内でも不明確だった道面氏の最終的な米国からの引き揚げ・日本への帰国時期、そこに至る行動や世界情勢への見方などが、この手紙類ですべて明らかになった。手紙や葉書の内容をほぼ全部原文のまま公表したのは、これが道面氏の残した唯一の直筆書類であり、当時の日米関係、政治・経済情勢を知るうえで資料的な価値が高いとみたからである。

道面典子さんからは、道面豊信氏の貴重な顔写真を提供していただいた。

このほか、広島やニューヨークでの取材先をはじめ、道面氏を知るA社の役員およびOBの人たち、米国大使館や第一生命保険および日本郵船の関係者など、多くの皆さんの協力を得た。ここに慎んで御礼と謝意を表したい。

◇　◇　◇　◇　◇　◇

筆者が所属している社団法人「日本記者クラブ」の友人たちとの間で、かねて以下のような会話を交わしていた。

「われわれ記者経験者は、いわばその時代およびその事象の証人である」「担当しなければ書けないこと、その記者だけが書くことができる重要な内容を必ず持っているはずだ」「各人が歴史の証人としてそれらを書き残し、時代や事象ごとにまとめて読めば、真実に限りなく近い全体像が明確になるに違いない。」

「そうした歴史的事実の積み重ねの中から、未来へのヒントが生まれてくる」「その意味で、退職後の時間は各人とも史実の掘り出しとその記録に当てようではないか」――。いささか格好をつけているが、こうすることがお互いのボケ防止になる、との意味も多少含まれている。

新聞社を中心にジャーナリズムの世界で働いてきた人間の責任として、自分がこれまで経験し確かめた国内・外での諸情報を広く国民に正確に伝え残し、激動する国際社会の中での日本および日本人のあり方に少しでも関与していけたら、との思いである。

若い時から名刺一枚で多くの現場に入り込み、要人たちに会っての取材・執筆を容認していただいたことに対する、ささやかな返礼でもある。

過去や歴史を軽視する姿勢からは、現在の的確な位置付けや将来への前向きな展望は生まれない。「賢者は歴史から学ぶ」とのことわざもある。

こんな問題意識から、この本の取材・執筆に取り組んだ。いずれにせよ日本の将来は、われわれ自身の判断で選択し創造していくしかない。

二〇一一年三月　東京・駒沢の自室にて

辻　知秀

（追記）


この終章を書いている最中《さいちゅう》の二〇一一年三月十一日午後二時四十六分に、東日本一帯に巨大地震と大津波が襲い、福島原子力発電所で事故が発生した。過去に経験したことのない未曾有の災害である。

自宅二階の小さな書斎で地震が止むのを待ち、一階の居間のテレビを急いでつけて見て、被害の甚大さに胸を痛めた。

そして深く思うところがあり、以後一年間は執筆と出版への活動を休んでいた。

「失われた二十年」に追い討ちをかけるように襲った大震災と原発事故の発生により、日本が克服すべきハードルは一段と高くなった。だが日本人がこれまで取得した貴重な経験と英知、勤勉さと忍耐力などを結集すれば、必ずや困難を乗り越え、新しい日本を築いていけると確信したい。

歴史の創造は、日本のひとり一人の手に委ねられている。

二〇一三年春

# 参考文献

## 参考文献

書名
著者名　出版社　発行年


『仁保村志』
仁保村役場（一九二九）
『芸藩通志』第二巻
国書刊行会（一九八一）
『角川日本地名大辞典―広島県』
角川書店（一九八七）
『ふるさと仁保』
仁保郷土史会（二〇〇一）
『学校案内』
広島県立広島商業高等高校（二〇〇五）
『鈴木三郎助伝』（日本財界人物伝全集十八）
石川悌次郎　東洋書館（一九五四）
『鈴木忠治―小傳と追憶』
鈴木三千代外一同（非売品）（一九五六）
『池田菊苗博士追憶録』
池田菊苗博士追憶会（一九五六）
『世界旅の味』
三代鈴木三郎助　日本電波通信社（一九五四）
『味に生きる』
三代鈴木三郎助　実業之日本社（一九六一）
『遺稿　葉山好日』
三代鈴木三郎助（非売品）（一九七四）
『味を求めて―三代鈴木三郎助伝』
小島直記（非売品）（一九八九）
『味の素沿革史』
味の素株式会社（非売品）（一九五一）
『味の素の五十年』
味の素株式会社（非売品）（一九六〇）
『味の素株式会社　社史一』
味の素株式会社（非売品）（一九七一）
『味の素株式会社　社史二』
味の素株式会社（非売品）（一九七二）

『70年代の記録　味の素株式会社』
味の素株式会社（非売品）（一九八〇）

『故　道面相談役をしのぶ』
社内報臨時号　味の素株式会社（非売品）（一九八一）

『味をたがやす　味の素八十年史』
味の素株式会社（非売品）（一九九〇）

『味の素グループの百年―新価値創造と開拓者精神』
味の素株式会社（非売品）（二〇〇九）

『挑戦者の系譜』―味の素グループの百年
味の素株式会社（非売品）（二〇〇九）

『ペリーは、なぜ日本に来たか』
曽村保信　新潮社（一九八九）

『ペリー艦隊大航海記』
大江志乃夫　立風書房（一九九四）

『ペリーの対日交渉記』
藤田忠　日本能率協会（一九九四）

『黒船前夜の出会い』
平尾信子　日本放送出版協会（一九九四）

『昭和恐慌』
長幸雄　岩波書店（一九九四）

『昭和経済史』
有沢広巳監修　日本経済新聞社（一九七六）

『昭和産業史』
東洋経済新報社編　東洋経済新報社（一九七五）

『日本の昭和』
高坂正堯・山崎正和　ＴＢＳブリタニカ（一九九〇）

『現代日本の思想と行動』
丸山真男　未来社（一九五七）

『日本の思想』
丸山真男　岩波書店（一九七五）

『「戦前」という時代』
山本夏彦　文藝春秋社（一九八七）

『世界の中の日本』
司馬遼太郎／ドナルド・キーン　中央公論社（一九九二）
『スペイン内戦写真集』
逢坂剛監修　講談社（一九八九）
『スペイン内戦　1936～1939』（上・下）
アントニー・ビーヴァー　みすず書房（二〇一一）
『人間山本五十六』
反町栄一　光和堂（一九五七）
『山本五十六』
阿川弘之　新潮社（一九六六）
『新版　山本五十六』
阿川弘之　新潮社（一九六九）
『山本五十六の無念』
半藤一利　恒文社（一九八六）
『敗亡の戦略』山本五十六と真珠湾
森本忠夫　東洋経済新報社（一九九一）
『全記録　人間山本五十六』
太平洋戦争研究会編　徳間書店（一九九三）
『山本五十六は何を見たか』
森山康平　ＰＨＰ研究所（二〇〇五）
『真珠湾攻撃・全記録』
秋元健治　現代書館（二〇一〇）
『人物叢書　山本五十六』
田中宏巳　吉川弘文館（二〇一〇）
『第二次世界大戦』（世界の歴史二十三）
上山春平　河出書房新社（一九九〇）
『昭和史年表』
神田文人編　小学館（一九九〇）
『太平洋戦争』（日本の歴史二十五）
林茂　中央公論社（一九七四）
『太平洋戦争の起源』
入江昭　東京大学出版会（一九九一）
『日米開戦の謎』
鳥居民　草思社（一九九一）

『日本郵船戦時船史』（上巻）
日本郵船株式会社（一九七一）
『日本郵船船舶100年史』（世界の艦船別冊）
木津重俊　海人社（一九八四）
『あ、　鎌倉丸』
鎌倉丸を偲ぶ会（二〇〇二）
『明解　アメリカ史』
土屋健一　三省堂（一九八七）
『ニューヨーク』（世界の都市物語2）
猿谷要　文藝春秋社（一九九二）
『無限都市ニューヨーク伝』
マイケル・パイ　文藝春秋社（一九九六）
『ニューヨーク歴史紀行』
榛名亮　日中出版（一九九七）
『SUMMIT DIRECTORY』
Summit City　New Jersey（一九一七）
『ルーズベルト』（人物現代史・5）
大森実　講談社（一九七八）
『マッカーサーの二千日』
袖井林二郎　中央公論社（一九七六）
『ダグラス・マッカーサー』（上、下）
ウイリアム・マンチェスター　河出書房新社
（一九八五）
『マッカーサーの日本』
カール・マイダンス　講談社（一九九五）
『マッカーサーが来た日』
河原匡喜　新人物往来社（一九九五）
『マッカーサーの時代』
マイケル・シャラー　恒文社（一九九六）
『マッカーサー伝説』
工藤美代子　恒文社（二〇〇一）
『第一生命館の履歴書』
矢野一郎　㈶矢野恒太記念会（一九七九）
『DNタワー21（第一・農中ビル）歴史的建築物の保存と再生』

清水建設編　丸善（一九九六）
『第一生命100年の歩み』第一生命保険相互会社（非売品）（二〇〇二）
『日本占領』（第1、2、3巻）
児島襄　文藝春秋社（一九七八）
『日本占領革命―GHQからの証言』（上、下）
セオドア・コーエン　TBSブリタニカ（一九八三）
『日本占領GHQ高官の証言』
竹前栄治　中央公論社（一九八八）
『占領戦後史』
竹前栄治　岩波書店（一九九二）
『詳解・戦後日米関係年表』
高坂正堯　PHP研究所（一九八五）
『日米関係の構図』
原久　日本放送出版協会（一九九一）
『公職追放』
増田弘　東京大学出版会（一九九六）
『サンフランシスコの平和条約』
西村熊雄　中央公論新社（一九九九）
『戦争・占領・講和』
五百旗頭真　中央公論新社（二〇〇一）
『風の男　白洲次郎』
青柳恵介　新潮社（一九九七）
『プリンシプルのない日本』
白洲次郎　メディア総合研究所（二〇〇一）
『生後一〇〇年白洲次郎　日本で一番カッコイイ男』
文藝別冊　河出書房新社（二〇〇二）
『白洲次郎　占領を背負った男―マッカーサーを叱り飛ばした日本人』
北康利　講談社（二〇〇五）
『白洲次郎と白洲正子』
牧山桂子　青柳恵介　須藤孝光　新潮社（二〇〇八）
『戦後日本の宰相たち』
渡邉昭夫　中央公論社（一九九五）

『首相列伝―伊藤博文から小泉純一郎まで』
宇治俊彦編　東京書籍（二〇〇一）

『日はまた沈む』
ビル・エモット　草思社（一九九〇）
『日はまた昇る』
ビル・エモット　草思社（二〇〇六）
『プロテスタンティズムの倫理と資本主義の精神』
マックス・ウェーバー　岩波書店（一九八八）
『ひとり旅』
吉村昭　文藝春秋社（二〇〇七）
『オリンピック全大会』
武田薫　朝日新聞社（二〇〇八）

『アメリカ現代史』
斎藤真　山川出版社（一九七六）
『大恐慌のアメリカ』
林敏彦　岩波書店（一九八八）

『アメリカの12の顔』
小倉和夫　東洋経済新報社（一九八二）
『恐るべきアメリカ』
角間隆　PHP研究所（一九八二）
『概説アメリカ史』新版
有賀貞 木下尚一　有斐閣（一九九〇）
『日米の悲劇―'宿命の対決'の本質』
小室直樹　光文社（一九九一）
NHKスペシャル『日本とアメリカ』1　日本は逆襲できるか
NHK「日本とアメリカ」取材班　日本放送出版協会（二〇〇九）
NHKスペシャル『日本とアメリカ』2　日本は生き残れるか
NHK「日本とアメリカ」取材班　日本放送出版協会（二〇〇九）
『米国の対日政策』（改訂版）
川上高司　同文館出版（二〇〇一）
『アメリカ外交の魂―帝国の理念と本能』

中西輝政　集英社（二〇〇五）
『アメリカ文化史入門』
亀井俊介　昭和堂（二〇〇六）
『地球儀を手に考えるアメリカ』
寺島実郎　東洋経済新報社（一九九一）
『ふたつの「Fortune」フォーチュン』
―1936年の日米関係に何を学ぶか
寺島実郎　ダイヤモンド社（一九九三）
『新経済主義宣言』
寺島実郎　新潮社（一九九四）
『ワシントン戦略読本』
寺島実郎　新潮社（一九九七）
『歴史を深く吸い込み、未来を思う―1900年への旅　アメリカの世紀、アジアの自尊』
寺島実郎　新潮社（二〇〇二）
『脅威のアメリカ　希望のアメリカ―この国とどう向き合うか』
寺島実郎　岩波書店（二〇〇三）
『脳力のレッスン―正気の時代のために』
寺島実郎　岩波書店（二〇〇四）
『脳力のレッスンⅡ―脱9・11への視座』
寺島実郎　岩波書店（二〇〇七）
『タイタン―ロックフェラー帝国を創った男』（上）
ロン・チャーナウ　日経BP出版センター（二〇〇〇）
『KYKUIT―THE HOUSE AND GARDENS of the ROCKEFELLER FAMILY』
Henry Joyce　Historic Hudson Valley（二〇〇五）
『ロックフェラー回顧録』
デイヴィッド・ロックフェラー　新潮社（二〇〇七）
『CIOS（シオス）』第6号
国際経営管理協会　一九六三年六月
『CIOS』第七号

社団法人日本シオス協会　一九六三年八月
『ＣＩＯＳ』第二巻第一号
社団法人日本シオス協会　一九六四年三月
『ＣＩＯＳレポート　第十三回ＣＩＯＳ世界大会　特別発表論文』
社団法人日本シオス協会　一九六四年五月
『にっぽん人物画』
近藤日出造　オリオン社（一九六四）
『私の履歴書』
江頭邦雄　日本経済新聞社　二〇〇六年十一月一日～三〇日

## （著者略歴）

辻　知秀（つじ　ともひで）

1939年3月、北海道札幌市手稲生まれ。札幌西高等学校、小樽商科大学卒業
1962年、日本経済新聞社入社。東京本社編集局工業部、千葉支局、経済部、産業部などの記者を経て
1975年、産業部次長（デスク）
1984年、出版局ソフト（電子）出版部長
1987年、総務局総務部長
1990年、兵庫ＦＭラジオ放送（出向）東京支社長
1993年、日経新聞編集委員、日本IR協議会（出向）初代事務局長・専務理事
1996年、日本短波放送（現日経ラジオ社）取締役、常務取締役
1999年、日経スタッフ（現テンプスタッフメディア）代表取締役社長。同会長、顧問を経て
2006年3月、退職
現在は日経新聞社友、日本記者クラブ会員、NPO法人理事など。フリーで経済評論、執筆活動中

時代に挑んだ経営者　道面豊信
「もう一人の白洲次郎」―経済版

2013年6月27日　初版発行

著者
辻　知秀

発行・発売
株式会社創英社／三省堂書店
〒101-0051　東京都千代田区神田神保町1-1
Tel：03-3291-2295　Fax：03-3292-7687

印刷／製本
日本印刷株式会社


ISBN978-4-88142-597-8 C0023